你好
니하오
안녕

KID'S TRAVEL GUIDE TAIWAN

나의 처음 타이완 여행

나의 처음 타이완 여행
KID`S TRAVEL GUIDE TAIWAN

초판 1쇄발행 2017년 3월 23일

지은이 / Dear Kids
펴낸이 / 김화정

디자인 / 구수연
전산편집 / design B03
일러스트 / by tom
컨텐츠 자문 / 강민경
인쇄 / Artin

펴낸곳 / mal.lang
주소 / 서울시 마포구 동교로 238-1 #501
전화 / 02-6356-6050
팩스 / 02-6455-6050
이메일 / ml.thebook@gmail.com
출판등록 / 2015년 11월 23일
         제 25100-2015-000087호

ISBN / 979-11-960531-0-9
ⓒ 2017 by Dear Kids. 윤정혜

> 이 책에 실린 모든 내용, 디자인, 이미지, 편집 구성의
저작권은 mal.lang과 지은이에게 있습니다.
허락 없이 복제하거나 다른 매체에 옮겨 실을 수 없습니다.

> 책값은 뒤표지에 있습니다.
> 잘못된 책은 구입하신 서점에서 교환해드립니다.

이 도서의 국립중앙도서관 출판예정도서목록(CIP)은
서지정보유통지원시스템 홈페이지(http://seaji.nl.go.kr)와
국가자료공동목록시스템(http://www.nl.go.kr/kolisnet)
에서 이용하실 수 있습니다.
(CIP제어번호: CIP2017006373)

제품명 / 아동 도서   제조년월 / 2017년 3월 23일
사용연령 / 8세 이상   제조자명 / 말랑(mal.lang)   제조국명 / 대한민국
▲ 주의 / 종이에 손이 베이거나 책 모서리에 다치지 않도록 주의하세요.
▲ KC마크는 이 제품이 공통안전기준에 적합하였음을 의미합니다.

KID'S TRAVEL GUIDE
TAIWAN

나의 처음
타이완
여행

Dear Kids 지음

MAL LANG

CONTENTS

I am...
나에 대한 정보를 써 보자.

I'm going to...
내가 가는 곳은 어디일까?

Packing list
내 건 내가 챙기자

Making plans
이번 여행에서 뭘 하고 싶어?

Let's go
출발

First Impression
타이완의 첫인상 어땠어?

About Taiwan
타이완은 어떤 곳일까?
타이완은 재밌어~

세계 4대 박물관 중 하나
국립 고궁박물원 46

대나무를 닮은 세계적인 빌딩
타이베이 101 빌딩 56

타이완의 아버지, 쑨원을 만나다
국부기념관 66

화려한 용의 신전
용산사 74

밤에 열리는 특별한 시장
야시장 86

웅장함에 놀란 장제스 기념관
중정기념당 96

철로에서 천등을 날려 봐~
핑시 관광 열차 104

이곳은 지구인가 화성인가?
예류 지질공원 114

옛날에 부상 입은 군인들이 치료받던 온천
베이터우 온천 124

I am...

나에 대한 정보를 써 보자.

한국의 주소와 타이완 현지에서 머무르는 곳의
주소와 연락처를 메모해 둬.

이름

....

한국 주소

....

머무를 호텔의
명함 붙이기

....

부모님과 떨어져 혼자 있게 됐을 때
당황하지 말고 아래 문장을 지나가는 사람에게 보여 주면 돼.

도와주세요. 부모님을 잃어버렸어요. 이쪽으로 연락해 주세요.

帮帮我. 我弄丢了我妈妈爸爸.
请帮我按这个号码打个电话.

Help me. I've lost my parents. Please contact here.

My Name:
....

My Parent's Name:
....

My Parent's Telephone:
....

Hotel Address:
....

Hotel Telephone:
....

I'm going to...

내가 가는 곳은 어디일까?

타이완은 한국과 얼마나 떨어져 있을까?
한국과 타이완을 찾아보세요.

Packing List

내 건 내가 챙기자.

빠트린 건 없는지 아래 리스트에 체크하고,
나만의 필요한 물건이 있다면 빈칸에 직접 써서 잊지 않도록 하자.

Clothes

- ☐ 상의 (티셔츠)
- ☐ 하의 (바지)
- ☐ 외투 (점퍼)
- ☐ 잠옷
- ☐ 속옷
- ☐ 신발
- ☐ 양말

Bathroom Things

- ☐ 칫솔
- ☐ 치약
- ☐ 비누
- ☐ 헤어 샴푸
- ☐ 헤어 컨디셔너
- ☐ 로션
- ☐ 선크림

Other Stuff

- ☐ 여권
- ☐ 노트
- ☐ 필기도구
  (연필, 노트, 색연필, 가위, 풀)
- ☐ 선글라스
- ☐ 모자
- ☐ 우산

그 외 더 필요한 것들

- ☐
- ☐
- ☐

- ☐
- ☐
- ☐

- ☐
- ☐
- ☐

Making Plans

이번 여행에서 뭘 하고 싶어?

나만의 계획과 하고 싶은 것을 써 보자.

1. ....
2. ....
3. ....
4. ....
5. ....
6. ....
7. ....
8. ....
9. ....
10. ....

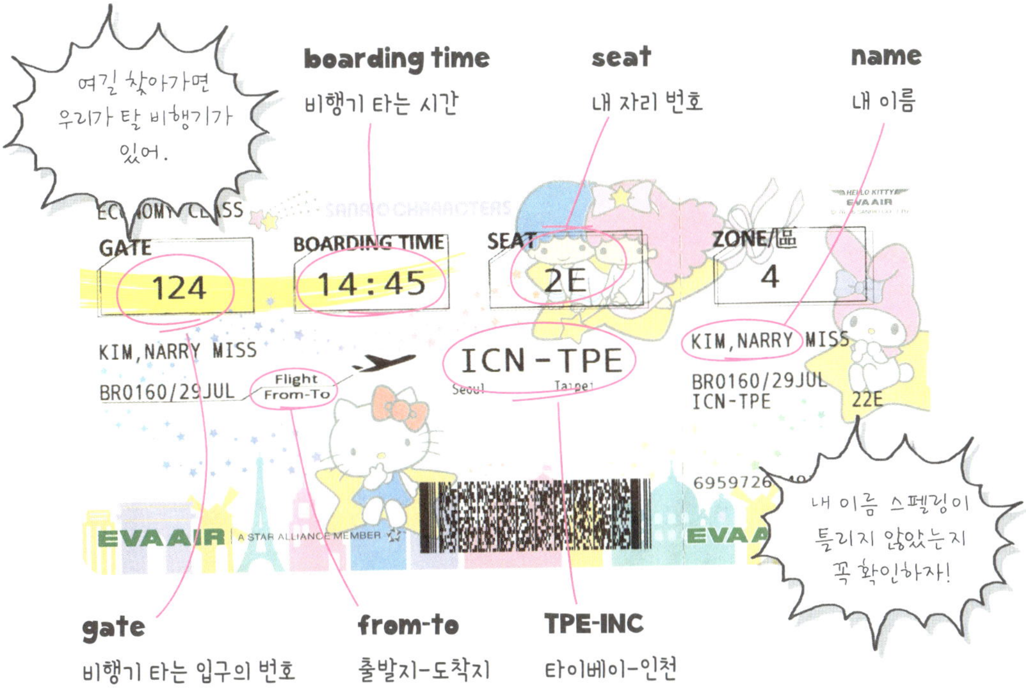

boarding time
비행기 타는 시간

seat
내 자리 번호

name
내 이름

여길 찾아가면 우리가 탈 비행기가 있어.

GATE **124**　BOARDING TIME **14:45**　SEAT **2E**　ZONE/區 4

KIM, NARRY MISS
BR0160/29JUL
Flight From-To
ICN-TPE
Seoul　Taipei

KIM, NARRY MISS
BR0160/29JUL
ICN-TPE
22E

6959726

내 이름 스펠링이 틀리지 않았는지 꼭 확인하자!

gate
비행기 타는 입구의 번호

from-to
출발지-도착지

TPE-INC
타이베이-인천

이건 기내에 가져갈 수 없어

가져가고 싶어도 비행기 안으로 가져갈 수 없는 물건들이 있어. 승객들에게 위험을 줄 수 있는 물건들인데, 뭐가 있는지 볼까? 비행기에 들고 가는 가방엔 이런 물건들은 넣으면 안 되겠지?

사람들에게 위험을 줄 수 있는 칼, 망치 같은 물건들은 비행기로 가져갈 수 없어. 가위도 칼처럼 날카로운 물건이라 안 되니까 기억해 둬.

100ml가 넘는 물이나 음료수 같은 액체류도 가져갈 수 없어. 꼭 가져가야 한다면 100ml 이하의 용기에 담아 규격 지퍼백에 넣어 가져가야 해.

대만 도착

2시간 반 만에 타이완 도착~ 야호~

입국

타이완에 여행하러 왔어요~.

비행기에서 내려 Immigration(입국 심사)이라고 적힌 방향을 따라가요~.

입국장

이제 호텔로 고고~

수하물 찾기

내 짐을 찾아요~.

입국 심사

내 여권에 타이완에 온 걸 허락한다는 의미의 입국 도장을 쾅 찍어 줘요~.

First Impression...

타이완의 첫인상은 어땠어?

타이베이 공항에 도착했을 때, 공항에서 호텔로 가는 길에, 호텔에서….
첫 느낌은 딱 한 번이니까 잊기 전에 꼭 기록해 두자구.

☐ 기분은 어땠어?

☐ 타이완 사람들은 어땠어?

☐ 도착해서 뭐가 제일 먼저 보였어?

☐ 신기했던 건 뭐였어?

☐ 어떤 냄새가 났어?

about Taiwan

타이완은 어떤 곳일까?

타이완과 우리나라를 **비교**해 볼까?

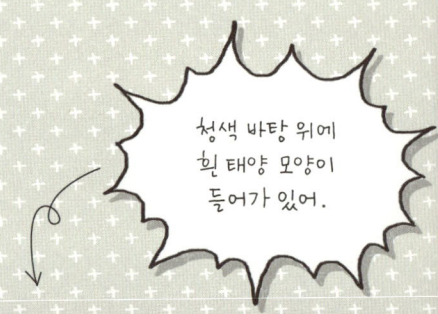

청색 바탕 위에 흰 태양 모양이 들어가 있어.

타이베이	수도	서울
총통	최고 통치자	대통령
약 35,980㎢	크기	약 99,720㎢
약 2,340만 명	인구	약 5,160만 명
뉴타이완달러 NTD(NT$)	인구	원 WON(₩)
중국어	언어	한국어

국기는 어떻게 생겼어?

about Taiwan

우리나라에는 태극기가 있듯이, 타이완에도 국기가 있어. 바로 '청천백일만지홍기 靑天白日滿地紅旗'라고 하는데, 이름이 너무 어렵지? 이름보다는 어떻게 생겼는지 기억해 둬.

청천백일만지홍기는 타이완의 아버지라 불리는 쑨원(孫文)이라는 분이 만드셨는데, 그분이 주장했던 삼민주의를 빨강, 파랑, 흰색으로 나타냈다고 해.

> 청천백일만지홍기를 줄여서 청천백일기라고 부르기도 해.

※ 삼민주의가 뭐야? 오랑캐를 몰아내고 중화를 회복하는 '민족주의', 백성의 나라를 세우는 '민생주의', 토지소유권을 고르게 하는 '민생주의' 이 3가지를 말해.

선사시대
3~5만 년 전 ~ 1600년 전후

이 시기, 타이완의 원주민인 '말레이-폴리네시안 원주민'이 거주하고 있었어.

★ **원주민 문화**: 타이완 정부는 원주민 문화를 보호하려고 애쓰고 있어. 국립고궁박물원 길 건너편에 있는 '국립 타이완박물관(國立臺灣博物館)'에 가면 타이완의 원주민과 소수민족들에 대해 자세히 알 수 있어. www.ntm.gov.tw에서 위치를 확인해~.

네덜란드 통치
1624년 ~ 1662년

유럽의 국가들이 신항로를 개척하기 위해 아시아로 갔는데, 그 당시 네덜란드가 타이완 남부 지역을 지배하고, 중국의 한족들을 모집해 타이완으로 이주시켜 토지 개간을 시작했어. 네덜란드의 동인도회사를 통해 타이완을 관할했지.

★ **네덜란드 식민지 문화**: 타이완 남부 지역엔 지금도 네덜란드 건축양식이 남아 있어.

정씨 왕조 통치
1662년 ~ 1683년

네덜란드의 통치는 중국에서 타이완으로 이주해 온 정성공(鄭成功)에 의해 끝이 나. 정성공은 중국을 개척한 영웅으로 중국 역사의 중요 인물 중 하나로 여겨지고 있어.

청나라 통치
1683년 ~ 1895년

1683년, 청나라가 군대를 타이완으로 파견해 점령하고, 이후 타이완에서 쌀, 설탕, 차 등을 생산해 중국 대륙 등지에 수출했어.

일본 통치
1895년 ~ 1945년

1894년 청나라와 일본의 전쟁(청일전쟁)으로 중국이 패하면서 시모노세키 조약으로 타이완은 일본의 식민지가 돼. 타이완은 우리나라보다 15년이나 더 오래 일본의 통치를 받았는데, 타이완 사람들은 우리에 비해 일본에 우호적인 감정을 가지고 있어. 왜냐하면 식민지 기간 동안 우리보다 온건한 통치를 받았기 때문이라고 해.

★ **일본 문화**: 50여 년간 일본의 문화가 자연스럽게 타이완 서민의 일상에 스며들었어. 타이완의 근대화가 이때 이루어졌기 때문에 일본식 건축물이나, 온천 문화, 음식 문화(삐엔땅, 덴뿌라, 오뎅) 등 타이완 곳곳에서 그 흔적을 찾아볼 수 있어.

타이완의 역사가 궁금해~

중화민국 타이완
1945년 ~

❶ 1945년 일본이 제2차 세계대전에서 패전하면서 일본의 타이완 지배가 끝이 나. 중화민국 정부는 쑨원의 삼민주의(민족주의(독립), 민권주위(민주), 민생주의(경제발전))와 표준 중국어 교육 등으로 타이완을 중국화하기 시작해.

❷ 하지만 이 통치는 일본 통치에 비해 크게 나을 게 없었어. 타이완 사람에 대한 차별이 컸고, 그로 인해 중국 본토인과 타이완인 간의 갈등이 심해져 1947년 2월 28일, 대규모 '2.28 사건'이 발생하지. 정부는 이를 폭동으로 간주하고 대대적인 진압에 나서는데, 이 과정에서 3만여 명이 사망해. 이 사건으로 중국 본토인과 타이완인의 갈등이 깊어지게 돼.

❸ 국공내전(중국 내의 전쟁)에 패한 장제스가 중국 본토에서 타이완으로 오면서 타이완의 중화민국 시대가 시작돼. 1949년 타이완에 계엄령을 선포하면서, 장제스는 타이완의 초대 총통이 되지.

★ **중국 문화**: 타이완 인구의 98%가 한족에 뿌리를 두고 있는 만큼 중국 문화는 타이완 문화에서 빼놓을 수 없어. 타이완의 국어가 중국어인 것도, 취두부, 우육면, 훠궈 등의 음식도 중국에서 건너온 것이라는 것만 봐도 그 영향을 알 수 있어.

about Taiwan

어디에 있어?

타이완은 한국에서 비행기를 타고 **2시간 반이면 갈 수 있는 그리 멀지 않은 곳**이야. 그리고 우리나라 면적의 1/3 정도 되는 크지 않은 곳이지.

타이완은 지진이 자주 일어나는 곳이야. '불의 고리(Ring of Fire)'라고 들어 본 적이 있니? '불의 고리'는 세계에서 지진과 화산이 빈번하게 일어나는 지역을 말하는데, 그 지역을 연결한 모양이 '반지(ring)'와 비슷해서 붙여진 이름이야. 이 지역에는 전 세계 화산의 60%가 모여 있기 때문에 하루도 조용할 날이 없대.

타이완은 이 '불의 고리'에 속한 나라라서 지진이 자주 발생해. 그래서 타이완의 건물들은 모두 웬만한 지진을 견뎌 낼 수 있도록 지어졌어. 특히 101타워는 큰 지진도 견딜 수 있도록 지어졌다고 해.

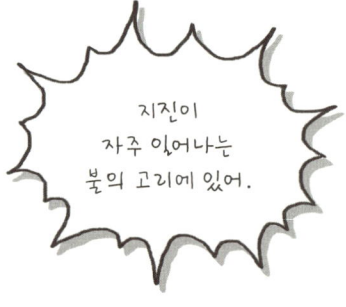

지진이 자주 일어나는 불의 고리에 있어.

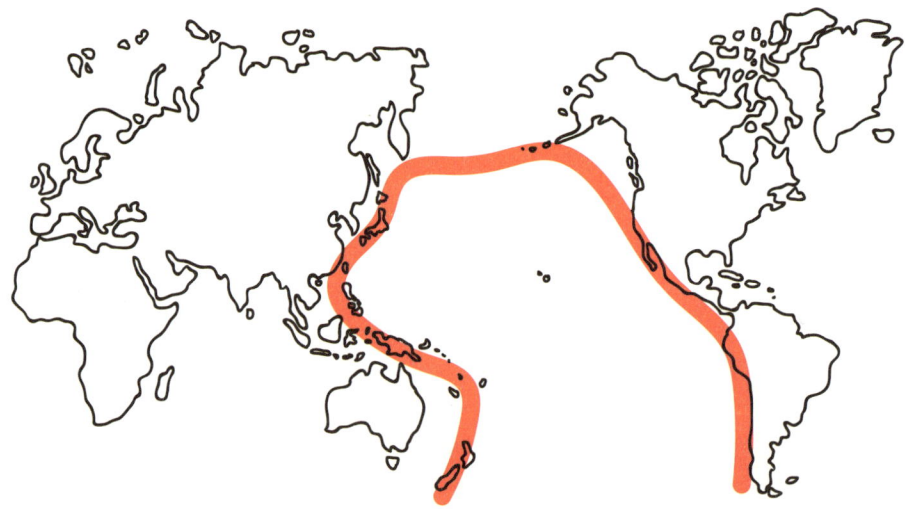

그거 알아? 타이완에서는 10시간 동안 크고 작은 지진이 무려 27번이나 발생하기도 했대. 여행 가야 하는데 무섭다고? 걱정된다면 **외교부의 해외안전 여행 사이트**인 www.0404.go.kr에서 안전한지 알아보고 가면 되지~.

날씨는 어때?

앞의 지도에서 봤듯이 타이완은 우리나라보다 훨씬 남쪽에 있어. 그래서 타이완은 1년 내내 20℃ 내외의 따뜻한 날씨야. 내가 여행 가는 일정에 비가 많이 올지, 덥고 습하진 않을지 확인하는 게 좋아. 그것에 맞춰서 챙겨 가야 할 것들 잊지 마.

about Taiwan

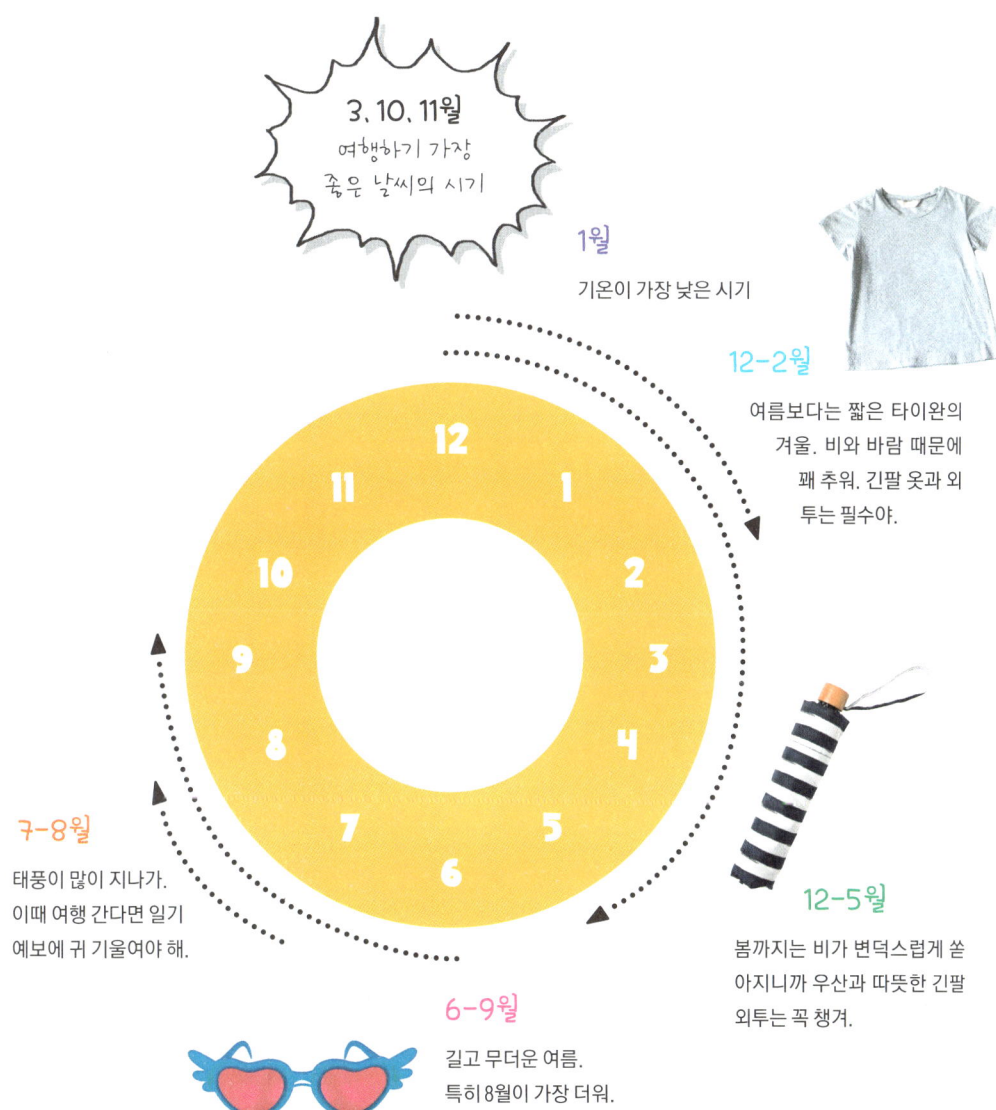

3, 10, 11월
여행하기 가장 좋은 날씨의 시기

1월
기온이 가장 낮은 시기

12-2월
여름보다는 짧은 타이완의 겨울. 비와 바람 때문에 꽤 추워. 긴팔 옷과 외투는 필수야.

12-5월
봄까지는 비가 변덕스럽게 쏟아지니까 우산과 따뜻한 긴팔 외투는 꼭 챙겨.

7-8월
태풍이 많이 지나가. 이때 여행 간다면 일기예보에 귀 기울여야 해.

6-9월
길고 무더운 여름. 특히 8월이 가장 더워.

시간이 왜 달라?

나라마다 시차(시간 차이)가 있어. 한국은 아침인데 미국은 저녁인 경우 있잖아. 나라마다 위치가 달라서 생기는 시차 때문이야.

타이완은 우리나라보다 1시간 느려. 지금 한국이 아침 10시라면 타이완은 아침 9시인 거지. 시간 차이가 거의 없지? 타이완에 도착하면 손목시계를 타이완 시간으로 맞추는 거 잊지 마.

돈은 어떻게 생겼어?

우리나라의 화폐 단위를 '원화'라고 하잖아? 타이완은 뉴 타이완 달러(New Taiwan Dollar)라고 하는데, 줄여서 NT$나 NTD로 표기해. 타이완 지폐나 동전에는 圓(원)이라고 적혀 있는데, '위안'이라고 읽어. 1위안은 40원 정도 해. 100위안은 4,000원 정도인 셈이지. 환율은 매일 변하니까 '대만 환율'이라고 검색해서 확인해 봐.

어떤 언어를 써?

타이완은 크기에 비해 쓰이는 언어가 참 많은데, 사람들이 공통으로 쓰는 언어는 중국어(中國語)야. 그 외에도 민남어, 객가어, 원주민어 등 다양하게 쓰여.

27

about Taiwan

▼ 5위안

20위안 ▶

▲ 50위안

▼ 1위안

10위안 ▲

우리와 달라~

전압이 달라

타이완에서는 110V 전압을 쓰고 우리나라에서는 220V 전압을 쓰기 때문에, 우리나라에서 쓰던 전자제품을 그냥 쓸 수는 없어. 자세히 보면 플러그 모양이 다르게 생겼지? 그러니 가져가야 할 전자제품이 있다면 부모님과 상의해서, 전압과 플러그 모양을 바꿔 주는 어댑터를 챙겨가야 해.

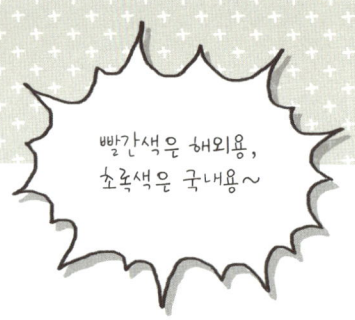

빨간색은 해외용, 초록색은 국내용~

우체통이 두개야

타이완의 우체통은 언제나 쌍둥이처럼 빨간색 우체통과 초록색 우체통이 함께 있어. 초록색 우체통은 국내 전용, 빨간색 우체통은 해외 전용이야. 기념 엽서에 추억을 담아 빨간 우체통에 넣어 한국으로 보내 볼까~?

1층이 안으로 들어가 있어

타이베이의 건물 대부분은 1층이 안쪽으로 쑥 들어가 있어. 타이완은 아열대 기후라 무지 덥고 비도 자주 내려. 무더운 날 행인들에게 그늘이 되어 주고, 갑자기 내린 소나기를 피할 수 있는 역할을 해 주지. 물론 상가들도 뜨거운 햇볕이 직접 가게로 들어오지 않아 훨씬 시원하겠지?

비도 피하고 햇볕도 피하고~

오토바이 정지선이 따로 있어

타이완의 국민 교통수단인 오토바이. 많은 사람이 타는 만큼 빨간불에 대기하는 오토바이들이 안전하게 함께 모여 있을 수 있도록 정지선이 따로 마련돼 있어. 우리나라에서는 볼 수 없는 신기한 장면이야.

저 사각형 안에 오토바이들이 서는 거야.

타이완 사람들은 **뭐 타고** 다녀?

●MRT
타이완의 지하철

> MRT는 Mass Rapid Transport의 약자인데, '대량 수송 교통'이라는 뜻이야.

타이완에서는 지하철을 MRT라고 해. 타이베이의 주요 관광지를 쉽게 갈 수 있도록 도와주는 교통수단이야. 오전 6시부터 밤 12시까지 운행한다는 것도 기억해 둬~.

빨간색의 2번 라인(Tamsui-Xinyi Line)과 파란색의 5번 라인(Bannan)에 주요 관광지가 많은 편이니까 미리 한 번 봐 두면 여행하기 편하겠지?

MRT 승차권은 몇 가지가 있는데 그중에 가장 많이 사용하는 게 IC 코인(IC Coin)이랑 이지카드(Easy Card)야.

● IC 코인
IC Coin : 1회 승차권

코인 모양으로 동그랗게 생겼고, 한번 사용할 수 있는 승차권이야. MRT역의 자동판매기에서 구입할 수 있어.

① 목적지까지 얼마인지 확인

② 승차권 자동판매기에서 요금 선택

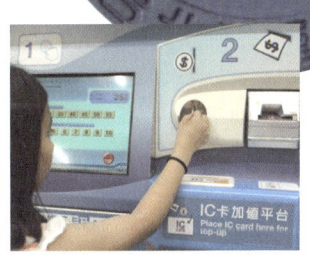

③ 요금 넣기

④ 코인 받기

⑤ 개찰구에 코인을 대고 들어가기

⑥ 개찰구에 코인을 넣고 나오기

● 이지카드

Easy Card: 충전해서 계속 사용하는 카드

여행객들이 가장 많이 사용하는 카드. MRT역의 승차권 매표소나 자동판매기에서 구입할 수 있어. 카드 구매 금액은 '보증금(100NTD) + 사용 금액(100NT부터 가능)'이고, 충전 금액을 다 쓰면 MRT역에 있는 충전 기계에서 충전하면 돼. MRT나 버스 모두 사용할 수 있어.

> 6살 이하나 키가 115cm가 안 되면 무료야~

[구입 방법]

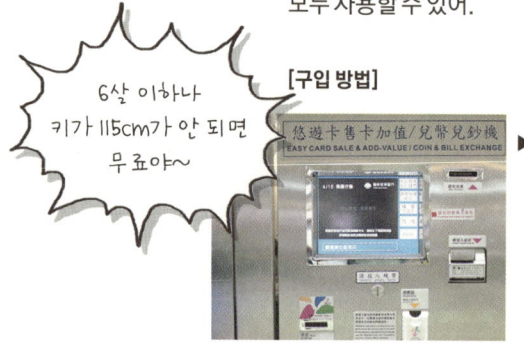
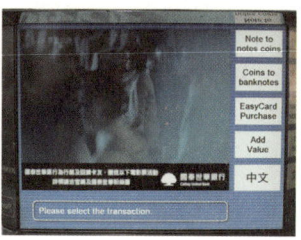

① 이지카드 구입 기계 찾기   ② 'Easy Card Purchase' 선택

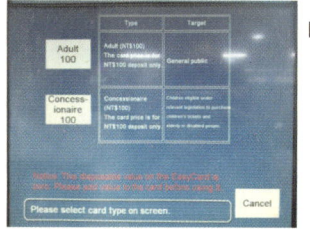

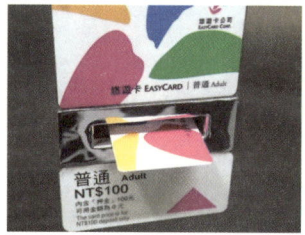

③ 'Adult 100' 선택 (어린이 요금 따로 없음)   ④ NT$100 넣기(카드 보증금)   ⑤ 이지카드 받기

한국으로 떠나기 전
카드 보증금을 돌려받고 싶다면, 매표소에서 이렇게 얘기하자.

> Do I get the deposit back?

deposit은 '보증금'이야.

난 보증금
돌려받는 대신 기념품으로
가져갈래~

[충전 방법]

① '한국어'와 '교통카드 충전' 선택

② 센스존에 이지카드 올리기

③ 요금 넣기(원하는 만큼)

[사용 방법]

개찰구 입구 센서에 이지카드를 대고 들어가기

개찰구 출구 센서에 이지카드를 대고 나오기

짙은 코발트색 의자는 노약자와 임산부를 위한 자리! 자리가 비어 있더라도 양보하자.

MRT 안에서는 음식물을 먹을 수 없어. 물이나 음료는 물론이고 껌도 씹을 수 없어. 걸리면 벌금!

●택시
비싸지만 편해~

밤늦게 공항에 도착했다거나 짐이 많을 때, 가까운 거리를 가족 여러 명이 함께 이동해야 할 때 택시를 이용하는 게 훨씬 더 좋은 방법일 수 있어. 타이완의 택시 기사님들은 대부분 영어를 잘 못하셔. 그러니 '한자로 쓴 주소'를 준비했다가 보여 주는 게 좋아. 택시를 타면, 뒷자리에 앉아도 반드시 안전벨트를 매야 해.

* 택시 미터기가 궁금해~

택시가 출발하면, 요금 계산기의 빨간 등이 켜지면서 금액이 올라가기 시작하는 택시가 있어. 저 빨간 등은 요금 계산기가 켜졌다는 뜻! 이걸 모르면 혹시 추가 요금이 아닐까 싶어서 가는 내내 불안할 수 있겠지? 타이완에서는 물건이나 서비스에 대해 바가지요금을 씌우는 사람이 거의 없어.

●스쿠터
이곳은 스쿠터의 천국~

타이완은 스쿠터의 천국이야. 3명 중 2명은 스쿠터가 있는 셈이래. 하루 세 끼를 외식이나 포장 음식으로 해결하는 타이완 사람들에게는 이동이 편리한 스쿠터는 없어서는 안 될 교통수단이야.

버스
타이베이 거리 구경에 딱이야~

about Taiwan

안심하고 타세요~.

타이베이에는 많은 버스가 다녀. 노선도 복잡하고 한자로 적혀 있어서 버스를 타기도 전에 두려운 마음이 들 거야. 그래도 버스 승강장에서 버스 노선도에 적혀 있는 한자 표지판만 확인할 수 있으면 한번쯤 도전해 볼 만해. 버스를 타면 창밖으로 타이베이 거리를 구경할 수 있어서 얼마나 재밌는데~.

* 신기한 타이완의 버스 시스템

버스를 타고 버스 안의 전광판을 보면 上 혹은 下라고 적힌 걸 볼 수 있어. 上은 '상'이라고 읽고 '위(Up)'를 뜻해. 버스에 탈 때 요금을 내라는 표시지. 下는 '하'라고 읽고 '아래(Down)'라는 의미인데 내릴 때 요금을 내라는 표시인 거지.

스쿠터를 위한 도로와 주차 시설이 따로 마련되어 있고, 전용 정비소도 있고 오토바이 헬멧 등을 전문으로 판매하는 상점들도 곳곳에서 볼 수 있어. 사용자가 워낙 많기 때문에 타이완에서 만든 스쿠터 제품은 저렴하면서도 품질이 좋기로 유명해.

타이완은
재밌어~

찾아보는 재미

타이완의 무덤은 꼭 집 같아

타이베이 시내에서 조금 벗어나면 도로 주변 산에 아주 화려하고 자그마한 집들이 모여 있는 걸 쉽게 볼 수 있어. 모르고 보면 집인가 보다 하겠지만 이곳은 바로 죽은 자들이 쉬는 곳인 '강시촌'이야. 납골당, 무덤 정도로 생각하면 돼. 타이완의 무덤은 부의 상징이야. 부자는 3층까지 화려하게 지어서 관리인을 두기도 하고 에어컨을 틀어 두기도 해. 살아 있을 때 돈 많이 벌어서 무덤 만드는 데 많은 돈을 쓰는 타이완 사람들도 많아. 신기하지?

인사하는 우체통 샤오뤼와 샤오홍를 소개합니다~

타이베이에는 '안녕~' 하고 고개를 까딱이며 인사하는 우체통이 있어. 별명이 '인사하는 우체통'인데, 수퍼 태풍 사우델로르의 작품이야. 2015년에 타이완을 강타했던 수퍼 태풍 사우델로르로 건물에 있던 간판이 우체통에 떨어지면서 인사하는 귀여운 모습이 됐대. 귀여운 우체통의 모습에 많은 사람들이 좋아하면서 SNS를 통해 유명해졌어. 그 이후 관광 명소가 됐고 심지어 샤우뤼, 샤오홍 이라는 이름까지 얻었다지 뭐야.

타이베이의 '중화항공사'를 검색해서 가면 쉽게 찾을 수 있어. 바로 건너편에 있거든.

스탬프 천국 타이완에서 스탬프 여행하기

예쁜 스탬프들을 찍으러 타이베이를 여행한다고 해도 될 만큼 타이베이에는 가는 곳곳에서 스탬프를 만날 수 있어. 개성 있고 예쁜 건 당연하고 마치 여행의 미션인 양 여행 간 곳의 스탬프를 찍어 모으는 것도 중독성 있고 재밌어. 스탬프를 찍을 노트를 따로 하나 준비해 가면 나만의 스탬프 다이어리를 만들 수 있어. 다른 기념품을 굳이 사지 않더라도 특별한 나만의 기념품이 될 거야.

* 어디 가면 있어?

타이완의 유명 관광지에도 스탬프가 있고, 지하철이나 철도, 버스 터미널, 관광 안내소에도 있어. 심지어 식당이나 기념품 가게에도 누구나 찍을 수 있도록 스탬프가 준비되어 있는 곳이 있어. 스탬프의 천국이라고 할 수 있지.

* MRT역은 넓은데 어떻게 찾아?

MRT역마다 역을 대표하는 스탬프가 있는데, 대부분 지하철 역무원 사무실 바로 앞에 있어. 그래도 찾기 어렵다면 역부원에게 넝어보 물어 보면 돼. 스탬프 잉크의 색깔이 지하철 노선 색깔과 같다는 것도 알고 보면 신기해~.

Where can I find memorial stamps?
기념 스탬프 어디 있어요?

맛있는 타이완

루로우판
(타이완식 돼지고기 덮밥)

타이완 국민 음식의 대명사. 간장에 푹 고아 만든 돼지고기를 흰 쌀밥에 비벼 먹어. 어린아이부터 어른까지 매일 먹어도 질리지 않는 음식이야.

면을 먹을 것인가 밥을 먹을 것인가~

단자이미엔 (담자면)

타이완 국민 대표 면 요리 중 하나야. 새우로 낸 육수에 면을 담은 뒤 그 위에 다진 고기와 새우, 간장에 절인 달걀을 얹어 먹는 요리야.

뉴러우미엔 (우육면)

소고기 육수에 채소와 면을 넣고, 얇게 썬 소고기 편육을 얹은 음식. '타이베이에 가면 꼭 우육면을 먹어야 한다'고들 해.

샤오롱바오

만두 속에 고소한 고기 육수가 가득. 얇은 만두피 안에 고기 육수를 어떻게 넣었을까? 진한 고기 육수를 식혀 젤리처럼 굳힌 다음 다진 돼지고기와 함께 만두피로 싼 뒤에 쪄 내면 이렇게 된다고 해.

about Taiwan

망궈뼁 (망고빙수)

타이완의 더운 날씨와 열대 과일 망고가 만나서 만들어 낸 최고의 간식. 타이완의 망고 빙수는 'CNN(미국뉴스채널)이 선정한 세계 10대 디저트'에 당당히 뽑힐 정도로 전 세계에서 사랑받는 디저트야.

전주나이차 (버블티)

알갱이가 동글동글 비눗방울(bubble)처럼 생겨서 버블티라고 해. 알갱이는 카사바의 뿌리에서 나온 녹말로 만든 '타피오카'라는 건데, 흑진주같이 생겨서 펄(pearl)이라도 불려.

누가크래커

달걀흰자와 시럽으로 만든 '누가'를 크래커 사이에 끼워 만든 과자. 달콤 짭짜름한 맛이 중독성 있어. 타이완 여행 쇼핑 리스드에 꼭 있을 정도로 인기야.

펑리수

타이완의 대표 간식 펑리수는 파인애플 과자야. '펑리'는 '파인애플', '수'는 '바삭하다'는 의미지. 겉의 바삭하고 부드러운 쿠키 속에 촉촉하고 쫀득한 파인애플 잼이 들어 있어.

타이완
편의점/마트

타이완 친구들은 뭘 좋아해?

일명 왕왕이 쌀과자~
왕왕그룹(旺旺集团)의 브랜드
과자이자 국민 간식

타이완의 유명한 과자 회사
IMEI(이메이)의 캬라멜.
IMEI 브랜드 붙은 건 믿고 먹어 봐~.

젤리 하면 IMEI!
새콤달콤 과일 맛의 젤리

타이완 현지 우유는
어떻게 생겼을까?
어떤 맛일까?

역시 타이완이야.
밀크티에 쿠키와 크림이
들어간 환상의 음료

타이완 대표
요거트

내 사랑
요구르트

짭짜름~
라면땅 맛이야~.

감자칩에 김가루가
뿌려져 있어서 맛나~.

마트 까르푸의
과자 코너 점원의
강력 추천 과자

타이완 하면 망고!
망고를 말린 건데
MUST EAT 아이템~

편의점에서 만난
타이완식 삶은 달걀
신기해~.

팥이 들어간
아이스크림

와플
아이스크림

현지 브랜드의 아이스크림도 있지만
일본 아이스크림들도 많아.

타이완의 이색 공간

키이로이 케이크

리락쿠마 와플

크림 파스타에서 반신욕을 즐기고 있는 리락쿠마

어린이 취향 저격 음식

♥ 리락쿠마 카페

(Rilakkuma Cafe 拉拉熊廳)

타이완 현지인들에게도 인기 만점인 리락쿠마 카페. 오전 11시 반부터 저녁 10시까지 열어. 일요일은 휴무. rilakkuma.cafe.tw@gmail.com으로 한국에서 미리 예약하고 가면 좋아. 원하는 날짜와 시간, 인원을 보내면 답장이 와.

에이드에 빠진 리락쿠마

도매 문구센터

오전 10시에 열어서 저녁 10시 반에 닫아.

타이완은 문구류가 한국보다는 싼 편이야. 문구류를 도매 가격으로 저렴하게 살 수 있는 곳이 있어.

♥ 꽝난따피파 (光南批發)

타이완에 여러 개의 매장이 있는데 그중에서도 타이베이 메인 스테이션 M6 출구에서 가까운 곳을 추천해. 2층에 문구류가 있고 1층은 CD, 3층은 생활용품을 팔아. 연필, 펜, 형광펜 같은 필기도구도 있고 공책, 일기장, 편지지, 지우개 등은 물론이고 우리가 좋아하는 스티커나 마스킹테이프도 무지하게 많아. 주소는 No. 40, Xuchang St, Zhongsheng District, Teipei City.

오전 11시 반에 열어서 새벽 1시에 닫아.

리락쿠마

♥ 싼허유엔
(和院)

타이완 요리를 현대적으로 선보이는 곳. 어린이 취향 음식점이랬는데 뭔가 어른들 술집 같아서 맞게 찾아왔나 싶지만 맞아! 다양한 메뉴가 있지만 우리가 찾는 건 바로 캐릭터 모양의 빠오즈(중국 만두)!

타이완 서점

타이완 친구들은 어떤 책을 읽을까? 타이완 대표 서점인 청핀서점(誠品書店, 청피엔슈띠엔)에 가 보자. 영어로는 The Eslite Bookstore. 편의점처럼 24시간 영업하는 특별한 본점도 좋지만, MRT 시정부 역(市政府, 스쩡푸, Taipei City Hall)에서 바로 연결되는 신의점은 크기도 크고 세계의 다양한 수입 디자인 제품과 엽서, 문구류도 살 수 있는 곳이야.

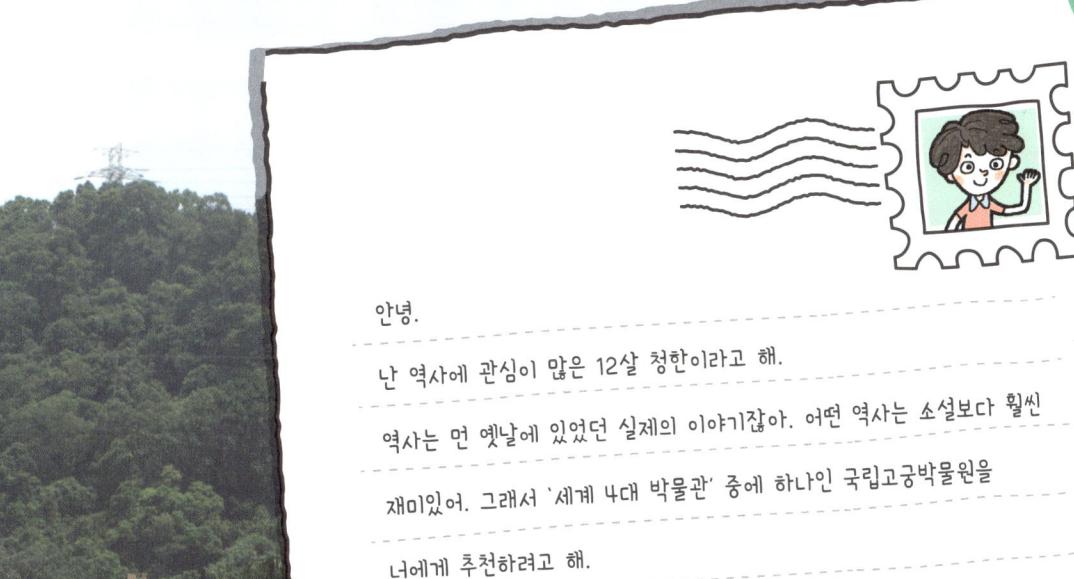

안녕.

난 역사에 관심이 많은 12살 청한이라고 해.

역사는 먼 옛날에 있었던 실제의 이야기잖아. 어떤 역사는 소설보다 훨씬

재미있어. 그래서 '세계 4대 박물관' 중에 하나인 국립고궁박물원을

너에게 추천하려고 해.

'고궁(故宮)'은 '옛 궁궐'이라는 뜻인데, 중국 베이징의 자금성을 말하는

거야. 이곳의 전시품들이 원래는 중국의 자금성에 있었던 황실 보물이거든.

먼 옛날 중국에서 타이완으로 온 이 보물들은 우리의 아주 소중한 문화재야.

국립고궁박물원에는 언제나 중국 본토에서 온 중국 관광객으로 가득해.

중국에서 볼 수 없는 중요한 보물을 보러 오는 거지.

기회가 된다면 꼭 방문해서 우리의 자부심을 직접 확인해 봐!

- 오전 8시 30분부터 오후 6시 30분까지 열어요. 금요일, 토요일은 오후 9시까지 열구요.
- 실내라서 비오는 날 가기에 좋아요.
- 한국어 오디오 가이드가 있어요.
- 어린이 박물관에서 재밌는 체험을 해요.
- 기념품 숍에서 기념품을 사 보아요.
- 사람이 엄청 많으니 부모님과 꼭 함께 다녀요.

국립고궁박물원

타이베이의 자존심 ★ 중국인들은 만주사변(1931년)이 일어나자 일본이 자금성의 고궁박물원 유물을 약탈할까 봐 유물을 난징으로 옮겼다. 이후 계속되는 전쟁을 피해 여러 지역으로 나누어 옮겨졌다. 1945년 흩어졌던 유물은 난징으로 다시 돌아왔다. ★ 그러나 전쟁이 일어났고, 전쟁에서 진 장제스와 국민당은 타이완으로 옮겨 가려고 했다. 장제스는 중요 유물들을 타이완으로 옮기기로 결정하고 2년간에 걸쳐 배로 엄청난 수의 유물을 옮겼다. 그 유물들이 보관된 곳이 매년 250만 명의 관광객이 찾는 곳, 국립고궁박물원인 것이다. ★ 박물관의 보물은 다 보는 데만 30년이 걸릴 만큼 많아서, 한 번에 전시하기 힘들어 3~6개월 간격으로 전시품들이 교체되고 있다.

천하위공

'천하위공'은
'세상은 천하를 모두 공유한다,
온 세상은 일반 백성의 것이다'라는
공자의 말씀이야.

고궁박물원 홈페이지 ▶

고궁박물원 꼼꼼히 챙기기

☐ 관람 시간이 오래 걸리니 물을 챙겨 가면 좋아요.

☐ 101호의 중화역사표를 본 뒤, 관람을 시작해요.

☐ 꼭 보고 싶었던 유물이 몇 층 몇 관에 있는지 미리 확인해요. 자주 바뀌거든요. (책의 해당 유물에 표시해 둬요.)

☐ 3층에서 시작해 2층, 1층, 지하로 내려오며 관람하면 편해요.

☐ 3층의 전시품 관람객의 줄이 길면, 기다리는 동안 작품 설명을 미리 읽어요.

☐ 지하 1층의 어린이 박물관은 제일 마지막에 체험해요. 그래야 시간에 쫓기지 않고 실컷 노니까~.

뭘 보지?

70여만 점의 유물, 그야말로 타이완의 자존심

취옥백채
황제의 부인이 결혼할 때 가져온 혼수품이래~

☐ 호
청나라

청나라 황제인 광서제의 부인인 근비가 결혼할 때 가져온 혼수품. 흰색과 녹색이 섞인 옥을 깎아 만들었다. 배추에는 여치와 메뚜기가 숨겨져 있다. 훌륭한 등급이 아닌 옥으로 최고의 예술품을 만들어 낸 예술가의 창의력이 대단하다고 평가받는다. 진짜 배추에 진짜 여치와 메뚜기가 올라앉은 듯 신기하다.

★ 메뚜기와 여치는 금슬 좋은 부부를 의미해. 장차 황실의 많은 아이를 낳으라는 바람이 담겨 있는 거지.

육형석 　진짜 돼지고기처럼 맛있어 보여~

간장에 맛있게 조린 돼지고기 한 점을 올려놓은 것 같은 신기한 돌. 돼지고기를 좋아하는 중국인들의 눈을 단번에 사로잡은 작품이다. 중국에서 가장 오랫동안 황제를 지낸 강희제의 궁중에 있었던 보물이다.
푹 익어 육즙이 흐르는 듯한 껍질의 색과 표면의 작은 모공은 장인의 솜씨지만, 나머지는 천연 옥 그대로이다. 이 역시 예술가의 놀라운 창의력을 엿볼 수 있다.

★ 청나라 때는 옥을 염색하는 기술이 뛰어났대.

☐ 호
청나라

자단다보격방갑 / 죽사전지번련다보격원합
황제의 장난감은 뭐가 달라도 다르네~

☐ 호
청나라

둘 다 황제의 장난감. ① 4개의 부채꼴 모양의 서랍을 완전히 열면 사각형이었던 상자가 원형으로 변신한다. ② 원형이었던 상자를 열면 4개의 부채꼴 모양의 서랍이 펼쳐지면서 병풍이 되기도 하는 변신 로봇처럼 보인다. 상자 안에는 꺼낼 수 있는 작은 문구류와 장난감 수십 개가 들어 있다. ③의 서랍에는 고궁박물원에서 가장 작은 두루마리 그림이 들어 있다.

▼ ①자단다보격방갑

이런 부채꼴 모양을 '다보격'이라고 해.

▼ ②죽사전지번련다보격원합

③ 두루마리 그림

☐ 호
청나라

조감람핵주   어떻게 작은 씨앗 하나로 배를 만들었지?

실제 사이즈야~ 엄청 작지?

궁중의 조각가가 올리브와 비슷하게 생긴 감람 씨앗에 조각해 만든 작품이다. 확대경으로 자세히 봐야 보일 정도로 작다. 배의 양쪽에는 열고 닫을 수 있는 4개의 창문이 나 있고, 배 안의 탁자 위에는 접시와 잔이 놓여 있다.

이 배에는 유명한 시인 소동파를 포함해 8명의 사람이 타고 있는데, 쌀알 크기의 얼굴에 생생한 표정까지 생생하게 표현했다. 배 아래에는 소동파의 시 300여 자도 적혀있다.

화법랑황지모단문반룡병
도자기 양쪽 어깨에 눈부신 황금색의 장식이~

청나라의 도자기는 당시 세계적으로 큰 인기를 누렸다. 이 도자기는 병의 모양도 아름답지만 노란색의 화려한 색과 장식이 눈에 띈다. 병목의 화려한 고리장식과 좌우 어깨의 황금색 용, 아름답게 그려진 모란꽃은 청나라의 높은 도자기 기술과 특징을 보여준다.

★ '화법랑(그림 그려진 법랑) 황지모단문(노란 바탕에 모란 문양)반룡(웅크린 용)병(병)' 이라는 뜻이야.

□호
청나라

화려한 고리
황금색 용
목단꽃

상아투화운룡문투구
공 안에 공이 또 있어.
어떻게 만들었지?

□호
청나라

코끼리의 앞니(상아)를 잘라 만든 상아구 안에 섬세하게 조각된 또 다른 상아구 16개가 겹쳐져 들어가 있다. 17개의 공은 따로 만들어서 조립한 것이 아니라 손가락도 제대로 안 들어가는 작은 구멍을 통해 겉에서 파들어가는 방법으로 만들었다. 그 기술을 연구하기 위해 유명한 현대 공예가가 시도했지만 결국 14개밖에 만들지 못했다고 한다.

★ 이 유물은 무려 삼대(할아버지, 아버지, 아들)에 걸쳐 100~150년 동안 만들어졌다고 해. 단순한 기술을 넘어 기예에 가까워.

17개가 모두 따로 움직인다고~

대모감주실취옥규화지갑투
저도 오래 살고 싶습니다.
새끼손가락 기를까요~?

청나라의 서태후가 사용했던 손톱 장신구. 거북이 등껍데기로 만든 손톱에 진주, 옥, 수정, 금, 은 등을 붙여 장식했다. 물건을 집어 올리거나 음식을 먹을 때 불편하지 않도록 검지와 약지에 주로 사용했다.

오래 살 테야!

☐ 호
청나라

★ 당시 궁중에서는 '새끼손가락이 짧으면 일찍 죽는다'는 말이 있어서 새끼손가락에 이런 갑투를 끼웠대.

☐ 호
송나라

요거요거~ 섬세한 옷자락~

정요백자영아침
도자기를 베고 잔다고?

이 동자 모양의 베개는 앞과 뒤를 각각 따로 만든 다음 서로 붙인 후 얼굴 등의 세밀한 부분을 조각해 구워 낸 것이다. 베이징 국립고궁박물원에 비슷한 작품이 있지만, 옷자락의 표현이 이것만큼 섬세하지 못하다.

이름에서 '정요'는 송나라 정현에 있었던 유명한 도자기를 굽는 가마를 말한다. 그 당시 최고 도자기를 생산했던 곳이다.

벽사
**먹기만 하고 똥을 못 싸서
재물의 상징이래~**

□ 호
한나라

항문이 없어졌어 ㅠㅠ

벽사는 사자의 몸통, 봉황의 날개, 용의 얼굴, 기린의 꼬리를 갖고 있는 상상의 동물이다. 벽사는 옥황상제의 사랑을 한 몸에 받았다. 그런데 아무 데나 똥을 눠서 어느 날 화가 난 옥황상제에게 엉덩이를 한 대 맞고는 그만 항문이 없어지고 말았다고 한다. 그 뒤로 벽사는 먹기만 하고 똥을 못 누게 되었고, 중국인들은 이것을 '재물이 들어오기만 하고 나가지는 않는다'고 여겨 재물의 상징이 되었다.

감송녹석금속사희준
**반짝반짝 광택이 남다른
소 모양의 술 항아리~**

□ 호
전국시대

내 배에 술이 가득 있다오~

제사를 지낼 때 사용했다는 '소 모양의 술항아리(희준)'이다. '청동기 문화의 최고 예술품'으로 평가받고 있다. 특히나 '상감기법'이라는 공예 기법으로 만들어졌는데, 나무나 청동 등의 표면에 여러 가지 무늬를 새기고 그 자리에 터키석과 금속을 메워서 장식하는 방법을 말한다.

★ 옛 사람들은 인간에게 큰 도움을 주는 소의 모습으로 만든 술 항아리를 보며, 하늘에 행운과 복을 빌었다고 해.

박물원 안
어린이 놀이터

어린이 박물관

지하 1층에는 박물관에서 보았던 유물들을 게임하듯 체험할 수 있는 어린이만의 공간, '아동학술중심(兒童學藝中心 Children's Gallery)'이 있다. 애니메이션도 볼 수 있고, 유물 모형을 직접 만들어 볼 수도 있다. 퍼즐이나 그리기 체험도 할 수 있고, 3D 그림 속에 들어가 사진을 찍을 수도 있다. 다양한 체험 활동 덕분에 어린이 관람객들에게 인기가 높다.

3D 그림 속에 들어가 사진을 찍어~

옛 예술가의 그림을 따라 그려

마르면 붓 자국이 없어지는 종이에 붓글씨를 써~

직접 종을 흔들어 연주해

◀ 옛날 건물을 만들던 방법을 체험하는 코너

臺北 101觀景台

대나무를 닮은, 세계적인 빌딩

타이베이 101 빌딩

안녕.

난 레고를 엄청 좋아하는 10살 보한이야.

내가 너에게 소개해 주고 싶은 건 타이베이의 유명한 건물이야.

세계의 유명한 도시에는 대개 개성 있는 높은 빌딩이 있잖아.

뉴욕에는 엠파이어스테이트빌딩, 파리에는 에펠탑이 있는 것처럼

우리나라에는 '타이베이 101 세계 금융 센터'라는 게 있어.

'타이베이 101', '타이베이 101 빌딩', '타이베이 101 타워' 등 여러 가지

애칭이 있지. 2009년까지만 해도 세계에서 가장 높은 빌딩이었대.

타이베이 101 빌딩은 어느 때보다 12월 31일이 가장 아름다워.

새해맞이 불꽃놀이를 하거든.

새해가 시작되기 10초 전부터 빌딩 꼭대기에는 카운트다운 숫자가

나타나고, 거리로 나온 사람들은 모두 큰 소리로 카운트다운을 하며

새해를 맞이해. 새해와 함께 환상적이고 감동적인 불꽃놀이가 펼쳐지지.

너도 꼭 타이베이 101 빌딩의 멋진 야경을 감상해 봤으면 좋겠어.

타이베이 101 빌딩

왜 유명해? ⭐ 타이베이 101 빌딩은 타이완의 세계적인 건축가 리쭈위안이 설계했다. 2004년에 완성된 후로 2009년까지는 세계에서 가장 높은 건물이었는데, 그 순위를 뺏기고 말았다. 지금은 세계 6위의 건물이지만 동양의 아름다움과 세련미는 세계적이라 말하기에 부족하지 않다. ⭐ 타이베이 101 빌딩의 다음 4가지를 기억해 두자. ① 빌딩의 색이 신비로운 옥색이다. ② 하늘을 향해 쭉쭉 자라는 대나무의 죽순(대나무의 어린 순) 모양이다. ③ 8층씩 묶어 8단을 만들었다. 중국인들은 숫자 8을 행운의 숫자, 부자 되는 숫자로 여긴다. ④ 지진과 강풍이 자주 일어나는 타이완에서 견딜 수 있도록 설계된 초고층 빌딩이다.

- ☐ 아침 9시에서 저녁 10시까지 열려 있어요.
- ☐ 전망대 용 한국어 오디오 가이드가 있어요.
- ☐ 101몰에서 쇼핑과 맛있는 음식을 즐길 수도 있어요.
- ☐ Wi-Fi를 무료로 사용할 수 있어요.
- ☐ 전망대에서 엽서를 써서 한국으로 보내요.

죽순 모양

여기가 전망대

8단! 행운과 부를 상징하는 숫자 8

계단으로 101 빌딩을 뛰어 올라가~

이 빌딩에서는 세계 각국에서 모인 수천 명의 참가자들이 하루 종일 타이베이의 가장 높은 곳을 오르내리는 웃지 못할 레이스가 열린다. 바로 'TAIPEI 101 RUN-UP Race'이다.
타이베이 101 빌딩의 계단이 총 2,046개나 되는데, 이 계단을 누가 가장 빨리 오르는지를 겨루는 대회이다. 이 대회는 미국의 Tower Running World Cup, 유럽의 Vertical World Circuit과 함께 세계에서 가장 힘든 계단 오르기 대회이다.

그게 가능해?

2016 TAIPEI 101 RUN UP
台北101國際登高賽

뭘 보지?

모르고 보면 덩치 큰 백화점, 알고 보면 훌륭한 랜드마크

예쁜 예술 조형물 이렇게 큰 LOVE는 처음 봐~

빌딩 1층의 안과 밖에 유명한 예술가들이 만든 작품과 분수대가 있다.
그중에서도 빌딩 앞에 있는 로버트 인디애나(Robert Indiana)의 'LOVE'는 많은 관광객들이 기념사진으로 남기고 싶어 하는 인기 조형물이다.

★ 어디서 보느냐에 따라
느낌이 다른 신기한 작품이야. 글자를
이용해서 예술품을 만든 작가의 발상이 대단하지?

미션!
LOVE에서
사진찍기!!

윈드 댐퍼 강풍에서 101 빌딩을 지켜 주고 있어

실내 전망대에는 쇠로 만들어진 커다란 둥근 추를 볼 수 있다. 이걸 댐퍼라고 하는데, 92층의 로프에 묶여 87~88층에 걸쳐 걸려 있다. 101 빌딩은 심한 강풍이 불어도 건물 위쪽에서 댐퍼가 건물 전체를 아래로 누르고 있어서 휘청하다가도 금방 제자리로 돌아온다. 지진과 강풍으로부터 지켜 내는 수호천사 댐퍼에 대해 알고 나면, 전망대에 있는 마스코트 댐퍼 베이비와 마구 사진 찍고 싶어진다. 찰칵!

◀ 댐퍼 베이비

최고속 엘리베이터 & 전망대
세계에서 가장 빠른 엘리베이터를 타 봐~

101 빌딩의 엘리베이터는 세계에서 가장 빠른 엘리베이터로 기네스북에 올라 있다. 5층 매표소에서 89층 전망대까지 올라가는데 겨우 37초! 귀가 멍멍해질 정도로 빠르다. 전망대에선 타이베이 시 전체가 한눈에 들어온다. 91층 야외 전망대에도 갈 수 있는데, 91층의 야외라는 것만으로도 아찔한 느낌이 든다.

★ 89층 전망대에서 엽서와 우표를 살 수 있어. 스탬프를 찍어 예쁘게 꾸며서 우체통에 넣으면 돼.

한국으로 엽서를 보내 봐~

무슨 요일인지 101 빌딩에게 물어 봐! 야간조명이 요일마다 바뀌거든~

월요일	🟥
화요일	🟧
수요일	🟨
목요일	🟩
금요일	🟦
토요일	🟦
일요일	🟪

각 층에는 뭐가 있지?

- **91층** 야외 전망대
- **89층** 실내 전망대
- **5층**
- 〳 쇼핑 센터
- **1층**
- **지하 1층** 세계 각국의 다양한 요리를 맛볼 수 있는 그랜드 마켓(Grand Market) & MRT 연결

뭐 먹지?

★ 지하 1층 Grand Market

카렌 Karen
철판 요리가 눈앞에서 노릇노릇 익어 간다

음식은 입으로만 먹는 게 아니지! 먹고 싶은 재료를 고르면 주방장이 눈앞에서 직접 익혀서 접시에 담아 준다. 맛집이라 사람이 많아 언제나 기다리는 시간이 있다.

이런 요리를 '티에반샤오(鐵板燒)'라고 하는데, '티에반'은 철판, '샤오'는 '굽다, 익히다'라는 뜻이야.

♥ 엄마에게 가자고 조른다.
☐ Yes! <꽃보다 할배>에 나온 철판 요리니까
☐ No! 좀 더 타이완스러운 요리를 원하니까

슈가 앤 스파이스
Sugar & Spice
달달하고 부드러운 누가를 먹자

누가는 거품을 낸 흰자에 설탕, 꿀, 견과를 넣어 만든다. 한국의 엿과 비슷한데 훨씬 부드럽고 덜 달다. 아몬드 누가도 있고 딸기 누가도 있다. 직접 시식해 볼 수도 있으니 내 취향을 찾아보자.

날 먹어 봐~ 반할걸~

♥ 엄마에게 사 달라고 조른다.
☐ Yes! 여자는 달달한 걸 좋아하니까
☐ No! 이미 산 게 너무 많으니까 ㅠㅠ

딘타이펑 101 Din Tai Fung
육즙이 톡! 최고의 샤오롱바오

사람들이 두 엄지를 추켜세우는, 타이완 최고의 샤오롱바오를 먹을 수 있는 곳이다. '딘타이펑'은 101 빌딩 외에 다른 곳에서도 만날 수 있는 체인점이다.

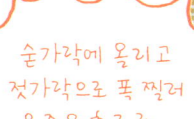

숟가락에 올리고 젓가락으로 푹 찔러 육즙을 후루룩~

♥ 아빠에게 가자고 조른다.
- ☐ Yes! 먼저 데리고 가실 테니 걱정은 그만!
- ☐ No! 이미 질릴 만큼 맛을 봤으니까

샤오롱바오는 중국 사람들이 가장 사랑하는 만두 중 하나로, 속에 육즙이 가득한 중국식 만두요리야.

기념품
다 내 거~ 찜~

뭐 사지?

지하 1층과 5층, 89층 전망대에 기념품 숍이 있다. 기념품들이 예쁘기는 하지만 비싸다. 하지만 댐퍼 베이비 인형이나 기념품은 한번 보면 사지 않을 수 없을 만큼 귀엽다.

♥ 여행 동안 착하게 행동하고 사 달라고 얘기해 볼까?
- ☐ Yes! 너무 귀엽잖아
- ☐ No! 가격이 나빠!

수첩

볼펜

교통카드

저금통

나를 데려가~

> 101 빌딩에서 배우는 중화 문화

타이완 사람들의 대나무 사랑

타이베이 101 빌딩이 대나무와 닮았다는 거 알아?

타이베이 101 빌딩의 모습은 대나무 순과 닮았다. 타이완에서 대나무는 음식에서부터 크고 작은 물건을 만드는 데까지 두루두루 사용되는 식물이다. 예로부터 죽취일(竹醉日, 음력 5월 13일)이라는 대나무 생일을 만들어 줄 정도로 대나무에 대한 사랑이 컸다.
타이완 사람들이 대나무를 사랑하는 이유는 하늘 높이 곧게 자라면서 언제나 푸르름을 잃지 않는 한결같은 모습 때문이다.

건강을 비는 마음
대나무 화분
타이완 사람들은 대나무처럼 항상 푸르고 건강하게 살기를 바라는 마음으로 대나무 화분을 선물하기도 한다.

대나무 마을 징통
'징통'이라는 곳에 가면, 대나무 마을이라는 별명에 걸맞게 소원이 적힌 대나무 소원 통이 주렁주렁 걸려 있다. 이곳에서 직접 대나무 소원 통 걸기 체험을 할 수 있다.

야! 좀 비켜 봐! 내 소원도 보이게!

나도 나도!

빵야 빵야~

가볍고 튼튼한
대나무 생활용품

대나무는 가볍고 내구성(변질되거나 변형되는 것 없이 오래 견디는 성질)이 좋아서 다양한 생활용품에 사용된다. 의자나 테이블은 물론이고 수저, 도마, 접시, 바구니, 찜통 등 다양하게 쓰인다.

나도 타이완 대표 과자
죽순 과자

타이완을 대표하는 과자는 '펑리수' 말고도 많은데, 그중에서도 죽순 과자는 파인애플 과자만큼이나 중독성이 강하고 맛있는 걸로 유명하다.

대나무 과자는 처음이지?

내 안에 밥있다!

우리에게도 익숙한 밥
대나무 밥

온천으로 유명한 우라이 마을에 가면, 대나무에 쌀을 넣고 쪄 낸 대나무 밥을 맛볼 수 있다. 쫀득쫀득 맛있다.

國父紀念館
타이완의 아버지, 쑨원을 만나다
국부기념관

니하오마~

난 즈칭이라고 해.

이틀 전이 내 생일이었는데, 생일 선물로 뭐 받았게~?

엄마 아빠에게 위인전집을 받았어. '에이~ 그게 뭐야~?' 하는 소리가

마구 들리네. ^^; 부모님이시니까. ㅋㅋㅋ

내가 그 선물을 받자마자 가장 먼저 꺼내 읽은 위인전이 쑨원 선생님에

관한 거였어. 너에게는 조금 낯선 이름일 거야. 하지만 타이완 사람들이

굉장히 존경하는 분이셔. '타이완의 아버지'라고 할 만큼 말이야. 쑨원

선생님은 평생을 중국의 개혁과 근대화를 위해 애쓰시다 돌아가신

훌륭한 분이시거든.

아 참! 타이완 여행을 준비하면서 벌써 쑨원 선생님을 만났을지도 몰라.

타이완 100위안 지폐에 그려져 있는 분이 바로 쑨원 선생님이시거든.

타이베이에는 그분을 기념하기 위한 국부기념관이 있어. 거기서 우리가

의지하고 존경하는 그분을 만나 보지 않을래?

국부기념관

타이완의 아버지가 계신 곳 ★ 국부기념관은 타이완 국민들이 '타이완의 아버지(국부)'로 존경하는 쑨원 선생(호는 중산)을 기념하기 위해 세워졌다. ★ 모두의 존경을 받던 쑨원 선생이 세상을 떠나자, 국민들은 그분을 기념할 뭔가를 만들어 그분의 정신을 이어 가고자 했다. 그런 존경의 마음이 담긴 곳이 국부기념관이다. ★ 이곳은 수십여 개의 전시실과 홀, 강의실, 도서관이 있어서, 오늘날 타이베이 최고의 문화공간으로 많은 사람들의 사랑을 받고 있다. ★ 매일 오후 5시가 다가오면, 중앙 홀에 있는 거대한 쑨원 동상 앞으로 관광객들이 모여드는데, 바로 멋진 근위병 교대식을 보기 위해서이다.

☐ 매일 오전 9시부터 오후 6시까지 열려 있어요.
☐ 오후 5시의 근위병 교대식이 정말 멋져요.
☐ 타이베이 101 경관대의 모습을 멋지게 찍을 수 있어요.
☐ 기념관 앞 공원에서 휴식을 취하는 시민들을 볼 수 있어요.

타이완 화폐 100위안에 쑨원이 있다

지폐 중에서 가장 작은 단위인 100위안의 앞면에 쑨원 선생이 있다.
100위안은 타이완에서 가장 많이 쓰이는 지폐인데, 그런 지폐에는 그 나라의 가장 중요한 인물이 담겨 있지 않을까? 화폐의 뒷면엔 국부기념관이 담겨 있다.

국부기념관~

내가 쑨원이야~.
이 그림의 원작 초상화가
국부기념관에 있어.
한번 찾아 볼래?

뭘 보지?

쑨원 기념관이자 타이베이 시민의 문화공간

내가 타이완의 아버지다!

쑨원 동상 & 전시실
타이완의 아버지라는 분은 누구실까?

국부기념관 정문에 들어서면 우리 키의 4배쯤 되는 어마어마한 크기의 쑨원 동상이 방문객을 맞이한다. 그 옆으로는 근위병들이 보초를 서고 있는데, 근위병들은 하나같이 사람이 아니라 모형인가 싶을 만큼 움직임이 전혀 없다.

★ 1층 쑨원 선생의 전시실을 둘러보며 선생의 일생을 상상해 보자.

근위병 교대식
이곳을 지키는 군인들의 교대 모습, 멋져~

날 따라하게 될 걸~

국부기념관에서 가장 인기 있는 것이 근위병 교대식이다. 꿈쩍도 하지 않고 보초를 서던 근위병들이 매시간 정각이면 교대식을 펼친다. 서 있는 동안 다리에 힘이 풀릴 법도 한데, 교대식에 임하는 근위병들의 절도 있는 모습은 정말 멋지다.
마지막 교대식인 5시 교대식은 타이완 국기 하강식과 함께 진행되기 때문에 훨씬 더 볼거리가 많다.

★ 5시 교대식을 앞자리에서 잘 보고 싶다면 미리 자리 잡는 건 필수야.

기념관 앞 공원
타이완 사람들은 공원에서 뭘 할까?

기념관 앞으로 넓게 트인 호수 공원이 있다. 해가 지면 여유롭고 편안하게 휴식을 취하는 타이완 사람들을 만날 수 있는 곳이다.
연을 날리는 할아버지와 아이들, 공원을 뛰어다니는 아이들, 유모차를 밀며 산책을 즐기는 엄마들, 자전거를 타는 사람들, 야간 분수를 보며 더위를 식는 사람들…. 이곳에서 타이완 사람들과 함께 연날리기를 하며 잠시라도 그들의 일상을 함께 해 보는 건 어떨까.

★ 이곳은 101 빌딩이 가장 잘 보이는 장소로도 유명해. 확 트인 공원에서 바라보는 101 빌딩은 정말 멋지거든. 특히 101 빌딩의 반짝이는 야경을 보면 그 자리를 뜨고 싶지 않을 거야.

101 빌딩과 사진 찍기

이 공원에서 101 빌딩을 배경으로 최고의 기념사진을 찍어 보자.

내 손에 101 빌딩 담아서 사진찍기

101 빌딩 밀며 찍기

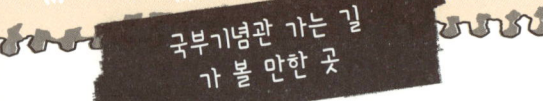

국부기념관 가는 길 가 볼 만한 곳

술 공장의 신기한 변신
화산 1914창의문화단지

화산 1914창의문화단지는 원래 타이완에서 가장 큰 술 공장이었다. 아기자기하게 꾸며져 있는 공간으로 큰 전시나 이벤트보다는 작은 전시와 이벤트가 주로 열린다. 각 문화 공간마다 카페와 식당이 있는 데다, 다양한 문화 상품들을 판매하고 있기 때문에 물건을 굳이 사지 않더라도 구경하는 재미가 쏠쏠하다.
주말에만 열리는 벼룩시장에는 훨씬 더 다양한 볼거리가 있으니 주말에 맞춰 방문하는 것도 좋다.

> 우리보다 엄마가 더 좋아해. ㅋㅋㅋ

★ 타이완 사람들은 건물마다 역사가 있고, 그 안에는 변하지 않는 소중한 가치와 의미가 있다고 생각해. 그래서 낡고 오래되었다고 함부로 건물을 허물지 않아. 오래된 것들을 멋지게 탈바꿈시키는 타이완 국민의 남다른 재주를 직접 느껴 보자!

술 공장이었던 곳

이런 곳은 처음이지?

안녕.

나는 휠체어를 타고 생활하는 11살 용칭이라고 해.

내가 장애가 있어서 걱정이 된다고? 타이베이는 장애인 시설이 워낙에 잘되어 있는 도시여서 걱정할 필요 없어. 이런 곳에서 태어난 게 오히려 행운인 거지.

우리 엄마 아빠는 용산사에 자주 가셔. 장애를 가지고 태어난 나의 복을 빌기 위해서이신 것 같아.

용산사는 타이완에서 가장 오래되고 유명한 사찰이야. 가장 오래된 사찰이 도심 한복판에 있다는 게 특이하지? 이렇게 가까이에 있다 보니 늘 기도하는 사람들로 붐벼.

이곳 용산사에는 유명한 관세음보살이 계셔. 옛날에 이 절에 화재가 나서 모두 불탔는데 이 관세음보살은 멀쩡했대. 그 후로 사람들은 그분이 신비한 힘을 가지고 있다고 믿게 됐다고 해. 그리고 기도도 잘 들어 주신대. 너도 이곳에서 소원을 빌어 봐. 들어 주실지 혹시 알아?

용산사

하늘에서 용이 내려온 곳
★ 용산사는 타이베이에서 가장 오래되고 유명한 사찰이다. '타이완의 자금성'이라는 별명을 가질 만큼 화려하고 아름답다. 용산사는 현대적인 건물들이 가득한 시내 한복판에 있고, 늦은 시간까지 열려 있어서 관광객들뿐만 아니라 타이완 사람들에게도 인기가 많다. ★ 용산사에는 3개의 건물이 있고 그곳에 다양한 신들이 모셔져 있다. 용산사의 기둥이나 벽, 천장, 지붕 등에 타이완의 문화와 종교를 표현하는 아주 섬세한 문양이 새겨져 있어서 이것들을 찾아보는 재미도 쏠쏠하다. ★ 특히 밤에 들르면 화려한 조명으로 영험하고 신비로운 용산사의 모습을 볼 수 있다.

- ☐ 매일 오전 6시에서 저녁 10시까지 열려 있어요.
- ☐ 입장료 없이 들어갈 수 있어요.
- ☐ 낮보다는 밤이 더 아름다워요.
- ☐ 소원을 빌고 점을 볼 수도 있어요.

용산사에서 이건 꼭 지켜야 해요!

☐ 용산사는 기도를 올리는 장소예요. 큰 소리로 떠들면 안 돼요.

☐ 용산사의 가운데 문(삼천전)은 오직 신만이 드나드는 문이에요. 문을 바라봤을 때 오른쪽 문으로 들어가서 왼쪽 문으로 나와야 해요.

☐ 상 위에 있는 음식은 기도와 함께 바쳐진 제물이에요. 손으로 만지면 안 돼요.

☐ 자기가 믿지 않는 종교라고 무시하거나 험담하면 안 돼요. 예의를 지켜야 해요.

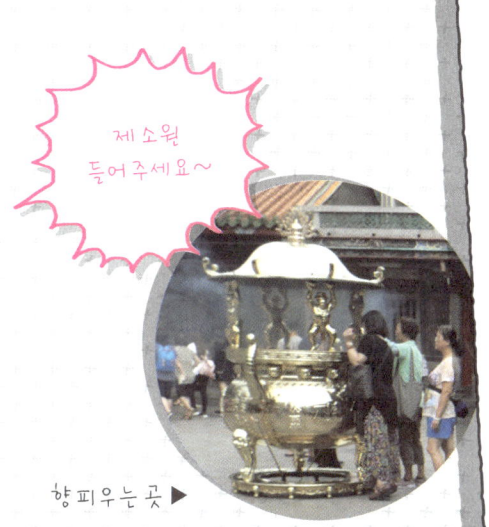

제 소원 들어주세요~

▶ 향 피우는 곳

뭘 보지?

타이베이 시민들의 소원들로 가득한 곳

관세음보살상
전쟁에서 사찰은 불탔는데 이 불상은 그대로였대~

제 소원 들어 주시나요?

용산사가 유명해진 것은 본당 중앙에 모셔진 관세음보살상에 얽힌 유명한 이야기 때문이다. 제2차 세계대전 때 시민들이 폭격을 피해 용산사에 머물렀는데, 어느 날 평소에 없던 모기 떼가 극성을 부려 사람들은 모두 집으로 돌아갔다. 때마침 미군이 용산사를 폭격했고, 사찰은 불탔지만 희생자는 없었다. 게다가 이곳의 관세음보살상도 그대로였다. 그 후, 관세음보살상은 영험한 기운을 가진 최고의 신으로 불리게 되었다.

● **바베**

바베는 기도한 내용을 신에게 물어보는 데 사용되는 도구이다. 2개가 한 쌍이다.
① 빌고 싶은 신에게 가서 ② 바베를 손바닥에 놓고 ③ 자기를 소개한다. ④ 그리고 자기의 소원을 말한 뒤 ⑤ 바베를 땅에 떨어뜨리면 된다.

신이 동의할 때까지 던지면 돼~!

한쪽은 정면, 다른 쪽은 반대면
'신이 동의했다'는 뜻

양쪽이 모두 반대면
'신이 동의하지 않았다'는 뜻

양쪽이 모두 정면
명확하지 않다는 뜻

지붕과 추녀에 새겨진 동물들
지붕 위의 용들이 정말 하늘로 날아갈 것만 같아

타이완의 사찰은 화려한 아름다움을 자랑한다. 용산사의 지붕 위에 조각된 용은 마치 당장이라도 하늘로 올라갈 듯한 모습이다. 지붕과 추녀에 있는 용이나 봉황, 기린 등이 모두 아름답고 화려하다. 게다가 유리와 도자기로 만들어져서 햇빛을 받을 때마다 반짝거린다. 화려한 사찰 장식은 타이완만이 가진 독특한 건축 장식 문화이다.

● **첨통 & 점괘**

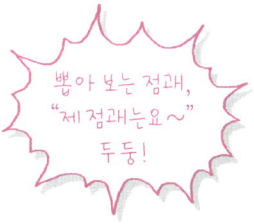

뽑아 보는 점괘, "제 점괘는요~" 두둥!

누구나 이곳에서 점괘를 볼 수 있다. ① 바뀌를 들고 신에게 자기소개를 한 후 ② 묻고 싶은 질문을 한다. ③ 바뀌를 던져 신의 동의를 얻는다. ④ 신이 동의했다면 첨통에서 제비(대나무 작대기 모양)를 뽑고 ⑤ 작대기에 써진 숫자의 서랍에서 점괘가 써진 설명서를 가져간다. ⑥ 안내에서 영어로 간단하게 점괘를 풀어 주기도 하고, 안드로이드 어플 '안녕 용산사'에서 점괘를 해석해 볼 수도 있다.

①②
③
④
⑤

천장의 조각 & 장식
화려한 장식의 천장은 타이완 최고의 장식이야~

본당 천장에 있는 장식은 시계 방향으로 돌아가는 나선형 무늬이다. 전생을 믿는 불교의 돌고 도는 윤회사상을 의미한다. 나선형 장식을 받치는 8개의 용머리 장식은 매우 화려하다.

부의 상징 8을 좋아해~

박쥐

8개의 용머리

▲ 본당 천장에 있는 장식

◀ 삼천전 중앙 천장의 조각

삼천전 중앙 천장의 장식은 팔각형으로, 지붕 받침이 서로 겹쳐지며 모양을 만들어 내는 것이라 더욱 놀랍다. 마치 거미줄처럼 매우 섬세하고 아름답다.

중전 앞 청동 기둥
기둥 2개 만드는 데 10년이나 걸렸다고?

정문으로 들어가면 2마리의 용 조각이 삼천전 좌우를 지키고 있다. 이 기둥은 청동으로 만들어졌는데, 완성하는 데만 무려 10년이 걸렸다고 한다. 보다 안전한 곳으로 옮기려고 했으나, 무게도 어마어마하고 부서질 위험도 있어서 다른 곳으로 옮길 수 없었다. 그래서 오직 용산사에서만 볼 수 있는 보물 중의 보물이다.

나… 100년째 매달려 있어~

★ 기둥 앞면에는 복을 가져다준다는 용, 봉황, 기린 등이 조각돼 있고, 뒷면에는 중국 신화 속의 인물들이 춤을 추고 있는 모습과 탐스러운 꽃봉오리들이 조각되어 있어.

돌 창문
돌로 만든 창문, 어쩜 이렇게 섬세하지?

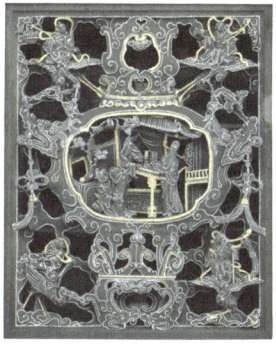

◀ 중정의 옆면에 있는 돌 창문

중정 옆면의 양옆에 2개의 돌 창문이 있다. 하나는 소나무 아래의 학과 신선을 조각했고, 다른 하나는 행운의 꽃과 영지버섯을 들고 있는 선녀를 조각한 것이다.

◀ 중정의 좌우에 있는 돌 창문

중정의 좌우에 있는 돌벽에는 팔각형 모양의 돌 창문들이 있다. 4개의 각 모서리에 박쥐가 새겨져 있고, 돌 창문 안에는 용 문양이 중앙의 원을 감싸고 있다.

용   박쥐

중전 뒤 청동 기둥
기둥에 무엇이 조각됐는지 보는 재미도 쏠쏠해~

'나들이의 즐거움'을 주제로 조각된 청동 기둥이다. 대부분의 청동기둥에는 용이나 신선, 불로초, 꽃 등을 조각한 것이 많은데, 이 기둥에는 산과 바위 등의 풍경, 여행을 떠나는 사람들의 모습이 함께 조각되어 있다.

혹시 현장학습 가는 거야?

용산사에서 만난 타이완 문화

용산사에서 만나는
다양한 신

젊어지고 싶다고?
다시 태어나~

용산사처럼 대부분의 타이완 사찰은 여러 신을 모신다. 타이완의 종교는 불교와 도교에다 토속신앙까지 합쳐진 셈이기 때문이다.

타이완 사람들은 누구를 믿느냐보다 '자신들의 복을 기원하는 마음' 자체를 더욱 중요하게 여긴다. 이런 까닭에 복을 비는 사람의 상황이나 바람에 따라 기도를 올리는 신도 달라진다. 역사에서 공로가 큰 사람을 신으로 모시는 경우도 많은데, 용산사에서 모시고 있는 신은 어떤 신인지 알아보자.

의학의 신, 화타선사
건강하게 해 주세요~

중국 역사상 '마비산'이라는 마취제를 최초로 사용했던 사람이 화타이다. 그는 유명한 의사였는데, 특히 외과 수술이 뛰어났다.
삼국지에 따르면 독화살에 맞은 관우를 수술해서 구하기도 했다. 화타는 관우를 무척 존경했는데, 훗날 화타는 관우를 존경하는 그를 의심한 조조에 의해 감옥에 갇혀 죽음을 맞이했다. 감옥에 있는 동안 많은 의학 서적을 쓴 것으로도 유명하다.

학문과 시험의 신, 문창제군
공부 잘하게 해 주세요~

문창제군은 중국의 전설 속의 황제(黃帝)의 아들인 휘(揮)였다고 한다. 세상의 지식과 이치에 밝았고, 세상에 97번이나 다시 태어나 학문에 뜻을 가진 사람들을 도왔다고 한다. 큰 시험을 앞둔 사람들이 문창제군에게 기도를 많이 올린다.

재물의 신, 관성제군
돈 많이 벌게 해 주세요~

삼국지에 등장하는 늠름한 관우 장군이 바로 재물의 신인 관성제군이다. 사람인 관우가 중화 문화에서 신이 된 이유는 뭘까? 관우가 원수인 조조에게 잡힌 적이 있었는데, 조조는 오히려 관우에게 금은보화를 주며 환영했다. 결국 관우는 기회를 엿보다가 탈출했는데, 그때 조조로부터 받은 금은보화에는 손도 대지 않고 그대로 남겨 두고 떠났다고 한다. 관우의 이런 청렴함을 높이 산 중국 사람들은 관우를 절대적으로 믿게 되었고, 이후에는 신으로까지 모시게 되었다.

★ 중화 문화에서 가장 대표적인 신이 관성제군이야. 중국 사람들이 모여 사는 어느 곳이든 그 사당이 있어. 긴 수염과 빨간 얼굴이 관우의 상징이지.

니하오.

나, 핀웨이야.

타이베이에 와서 뭘 먹을지 정했어? 여기 현지 음식을 싸고 다양하게 맛볼 수 있는 곳을 소개해 줄까? 우리 가족이 자주 가는 곳인데, 밤에만 열리는 '야시장'이야.

야시장에 들어서면 왁자지껄한 소리와 여러 가지 음식 냄새, 엄청나게 많은 사람들로 붐빌 거야. 음식 구경도 하고 맛도 볼 수 있는 데다, 음식 말고도 새우 낚시나 총 쏘기, 풍선 터뜨리기 같은 게임들도 많거든. 이것저것 배불리 먹고, 배도 꺼트릴 겸 게임도 하는 거지~.

근데 이 게임을 엄마 아빠가 더 좋아하시더라고. ㅎㅎㅎ

야시장 음식은 현지인들이 많이 먹는 음식이라 네 입에 맞지 않는 것도 있을 거야. 그래도 눈 딱 감고 한번 시도해 봐. 여기 아니면 맛볼 수 없으니까. 그런 것들이 나중에 추억이 되더라고. 한입 먹고 내 스타일 아니다 싶으면, 엄마 아빠 드시라고 양보하는 거지~. ㅋㅋㅋ

맛있는 것도 많이 먹고 재밌는 게임도 즐기는 즐거운 저녁 되길~.

- 야시장은 타이완의 독특한 문화예요.
- 야시장에서만 맛볼 수 있는 음식들이 있어요.
- 사람이 많으니 소지품을 잘 챙겨요.
- 평소 좋아하는 게 아니어도 한번 도전해 봐요.
- 모기 기피제를 꼭 뿌리고 가요.
- 먹거리는 조금씩 주문해야 다양한 걸 맛볼 수 있어요.

야시장

야시장이 뭐야? ★ 야시장의 '야(夜)'는 한자로 '밤'이라는 뜻이다. 밤에 열리는 시장을 야시장이라고 하는데, 그 역사는 중국의 600년(당나라 시대)으로 거슬러 올라간다. 그때부터 발전해 현재 아시아 전역에서 큰 인기를 누리고 있다. 타이완에서도 야시장은 빼놓을 수 없는 인기 장소 중 하나이다. ★ 야시장에는 번듯한 상점도 있지만 작은 간이 상점이나 손수레도 많다. 밤마다 먹거리가 가득한 시장이 열린다는 게 신기하지만, 타이완 사람들에겐 일상의 장소이다. ★ 간이 상점이나 손수레에선 여러 가지 현지 음식들을 즉석에서 만들어 낸다. 이곳에선 현지인들이 즐겨 먹는 음식을 저렴하고 다양하게 즐길 수 있다. ★ 그렇다고 야시장에 먹거리만 있는 것은 아니다. 금붕어 잡기, 물풍선 터뜨리기 등 다양한 게임도 즐길 수 있다. 야시장에 다녀오면 타이완이 조금 더 가깝게 느껴질 것이다.

스린 야시장에서 먹고 놀고 사고~

스린 야시장은 타이베이에서 가장 큰 야시장 중 하나이다. 100년이 넘는 역사를 자랑하는 곳이기도 하다. 음식의 종류도 많고 음식 외에도 다양한 게임이나 기념품 등이 있어 타이완 사람들뿐만 아니라 관광객들에게도 인기 있는 곳이다. 타이완의 전통 먹거리와 신기한 음식들이 많아서 타이완 사람들과 관광객들로 항상 붐빈다. 먹방 찍고 게임하며 소화시키고, 기념품까지 살 수 있는 곳, 스린 야시장으로 가자~!

개구리 아냐~
개구리 알 모양 음료수야~

맘에 드는 거 골라 봐~

뭐 먹지?

신기하고 맛있는 게 가득한 북적북적 야시장

처우더우푸
썩는 냄새가 나, 먹을 수 있는 거 맞아?

야시장에 들어서면 코를 찌르는 냄새가 난다. 바로 취두부 때문! 취두부는 두부를 소금에 절여 발효한 뒤, 기름에 튀겨 낸 음식인데, 취두부의 지독한 냄새는 취두부를 발효하는 과정에서 만들어지는 냄새이다. 냄새에 비해 맛은 훨씬 좋다고 말하는 사람도 많다.

★ 치즈나 우리나라의 된장, 청국장처럼 취두부도 발효 식품이야. 취두부를 '처우더우푸'라고 발음해.

냄새가 지독해

지파이 이렇게 큰 닭튀김은 처음이야~

야시장에서 최고의 인기를 누리는 것이 바로 지파이. 양념된 닭고기 살을 납작하게 누른 뒤 기름에 튀겨 낸 타이완식 닭튀김이다. 우리나라 닭튀김과는 완전 다르다! 크기도 엄청 크고 고소하고 쫄깃쫄깃~. 꼭 도전해 보자!

★ 이렇게 큰데 고작 70위안, 2,000원 정도라니. 믿겨져?

후쟈오빙
바삭바삭 큰 만두같이 생긴 후추빵~

후쟈오빙은 큰 만두같이 생겼는데, 속에는 돼지고기와 채소가 들어 있고 화덕에 구웠기 때문에 바삭바삭 담백하고 고소하다. 중국 후추향이 강해서 후쟈오(후추)빵이라 부른다.

★ 우리 입맛엔 맞지 않을 수도 있어. 하지만 타이완 사람들이 즐겨 먹는 빵이니 한번쯤은 시도해 보는 건 어떨까? 후추빵 굽는 모습도 재밌으니 야시장에서 한번 찾아봐.

타이스샹창
고소하고 촉촉한 타이완 소시지 구이~

'타이스'는 '타이완식', '샹창'은 '소시지'라는 뜻이야.

이 소시지는 야시장에서 가장 흔하게 볼 수 있는 먹거리이기 때문에 쉽게 만날 수 있다. 그냥 소시지만 먹기도 하지만, 마늘이나 채소 등 다양한 토핑과 함께 즐기기도 한다. 타이완 소시지는 돼지기름이 많이 들어 있어서 살짝 느끼할 수 있으니 토핑과 함께 시도해 보자!

★ 향신료 때문에 타이완 음식이 힘들다면 이걸 시도해 보자.

큐브 스테이크
고기 사랑합니다~ 꼭 먹어야겠습니다~

타이완의 향신료가 싫은 어린이들에게 추천. 고기를 좋아하는 사람이라면 반드시 먹는 야시장의 인기 메뉴이다. 스테이크 모양이 큐브(정육면체)라서 붙여진 이름 '큐브 스테이크'. 소고기 스테이크를 싸게 먹을 수 있어서 좋다. 엄마 아빠가 당장 맥주 한 잔을 찾으실지도 모른다.
하지만 과식은 금물! 많이 먹으면 다른 음식을 못 먹는 슬픈 일이 생길지도 모른다.

★ 워낙 인기 있다 보니 여기저기 곳곳에서 찾을 수 있어.

파이어 때문에 육즙이 살아있네~

왕자치즈감자
튀긴 통감자에 치즈가 주루룩~ 후루룩~

타이베이 최대 야시장인 스린 야시장의 간판 스타인 왕자치즈감자. 그래서 항상 긴 대기줄이 있지만 엄청 빠른 속도로 줄어드니까 걱정할 필요는 없다.
통으로 튀겨 낸 감자를 반으로 쪼갠 다음, 그 위에 옥수수, 햄, 파인애플, 브로콜리, 베이컨 등을 올리고, 그 위로 체다 치즈 소스를 듬뿍 얹어 준다. 엄청 고소하고 부드러운 그 맛은 최고이다.
이것 또한 과식은 절대 금물!

자자~ 치즈 붓습니다~

망고 & 망고젤리
타이완은 망고 아니겠어?
달달한 간식이 날 유혹해~

타이완에 왔다면 망고를 맛봐야겠지? 야시장 곳곳에서 생 망고부터 말린 망고까지 다양한 망고를 만날 수 있다. 하지만 관광객들이 야시장에서 꼭 사 가는 것은 바로 망고젤리이다. 망고젤리는 어른이고 아이고 한 번 맛보면 빠져들 수 밖에 없는 달달한 간식이다. 물론 더위를 식혀 주는 시원한 망고빙수도 빼놓을 수 없다.

▲ 망고빙수

◀ 망고젤리

우유튀김
우유를 어떻게 튀겨요?
봐야 믿겠어~

우유튀김? 우유를 튀긴다고? 어떻게? 만드는 방법도 궁금하지만 그 맛도 궁금한 우유튀김! 우유를 젤리 형태로 만들어서 튀김옷을 입혀 튀기는 것인데, 고소하고 달달한 맛이 끝내준다. '말랑카우'에 튀김옷을 입혀 튀긴 맛이라고나 할까. 아주머니가 '뜨거우니 조심하세요'라고 서툰 한국말로 말해 주신다.

떠거워니
쪄심하세이오

야시장엔 놀거리가 있어~
게임은 함께, 상품은 내 거~

새우낚시 　널 잡아먹겠어~

스린 야시장 입구에 새우낚시를 할 수 있는 곳이 있다. 새우 크기도 크고 잡은 새우는 즉석에서 요리도 해 줘서 인기 만점이다. 100위안에 낚싯바늘이 연결된 대나무 낚싯대를 7개 준다. 혼자서 다 하는 것도 재밌겠지만, 부모님과 나눠서 해 보자.

낚싯줄은 낚싯대에 감아 짧게 만들면 성공확률 업!

새우 꼬리를 공략하면 조금 더 쉽게 잡을 수 있어!

★ 타이완 아이들은 어려서부터 새우낚시를 즐겨 해. 그래서 야시장의 새우낚시 말고도 타이완 여기 저기 큰 새우 낚시터가 있을 정도야.

금붕어낚시 　나 잡아 봐라~

일본 애니메이션에 자주 등장하는 금붕어 낚시를 해 볼 수 있다. 얇은 종이 뜰채로 금붕어를 떠 올려서 금붕어를 낚는 놀이로, 야시장에서 낚시를 즐기는 타이완 아이들을 많이 볼 수 있다. 직접 잡은 금붕어는 가져갈 수 있는데, 우리는 한국으로 가져올 수 없으니 낚시하는 재미만 즐기자. 가져가고 싶다고 엄마 아빠에게 조르기 없기~!

종이 뜰채라서, 아주 천천히 금붕어 아래로 넣고 올릴 때도 살살!

물 풍선 터뜨리기
시원하게 물 풍선을 터뜨려~

더운 타이완 날씨에 이것만큼 시원한 놀이가 또 있을까? 한국에서 하는 물 풍선 터뜨리기보다 훨씬 더 시원하게 느껴지는 타이완 야시장에서의 물 풍선 터뜨리기. 관을 타고 내려오는 물 풍선을 나무 망치로 꽝 쳐서 터뜨리는 게임이다. 게임도 하고 많이 터뜨려서 상품도 받자~.

타이밍과 기술이 필요한 게임

하다가 힘들면 엄마 아빠에게 SOS~

활쏘기
활을 당기니 짱 멋있어~

난이도가 있는 게임이다. 활을 쏘아 풍선을 맞혀 터뜨리면 되는데, 활을 당기는 것부터가 조금 버겁다. 힘들다면 엄마 아빠의 도움을 받는 것도 좋다. 5개 중 하나만 맞혀도 상품을 준다. 활을 쏘아 날아가는 느낌이 꽤 즐겁다.

타이밍과 기술이 필요한 게임이야.

안녕.

나는 천웨이라고 해.

너희 가족이 타이베이에 올 예정이라니, 고궁박물원은 가겠지?

고궁박물원에 대해서 알아봤다면 '장제스'라는 이름도 들어 봤을 거야.

고궁박물원의 유물들을 중국 본토에서 타이완으로 가져온 분이지.

타이완에는 그분을 기념하기 위한 '중정기념당'이라는 곳이 있어.

그곳에 가면 장제스 총통에 대해 알 수 있을 거야. 타이완 초대 총통으로 존경을 받기도 했지만, 독재자라는 비난도 받았지.

역사적으로 중요한 분이었던 것은 분명한 사실이니 중정기념당에 들러 보는 것은 어떨까?

특히나 중정기념당의 근위병 교대식은 완전 멋지거든~.

나도 모르게 옆에서 근위병을 따라 하고 있다니까. ㅎㅎㅎ

중정기념당

왜 가야 해? ★ 중정기념당은 장제스 총통의 본명인 '중정(中正)'에서 따왔는데, '타이완민주기념당'이라고도 불린다. 이곳은 타이완의 초대 총통 장제스를 기념하기 위해 1980년에 지어졌다. ★ 당시 장제스 총통이 죽자 타이완과 세계 각지의 화교들이 자발적으로 기부금을 모아서 타이완 정부에 기념당 건립을 건의했다고 한다. ★ 기념당 주위에는 엄청난 크기(25만㎡)의 공원도 있다. 입구의 청색 기와와 하얀 대리석 벽으로 만들어진 개방형 정문은 이곳을 방문하는 관광객들이 그 아름다움에 한동안 말을 잃을 정도로 아름답다. ★ 기념당으로 올라가는 89개의 계단은 89살까지 살았던 그의 인생을 의미한다. 그 계단을 올라가면 6.3m 크기의 장제스 동상을 만날 수 있다.

- ☐ 매일 오전 9시에서 오후 6시까지 열려 있어요.
- ☐ 89계단 왼쪽으로 가면 전시관 입구가 있어요.
- ☐ 오후 5시에 있는 근위병 교대식이 정말 멋있어요.

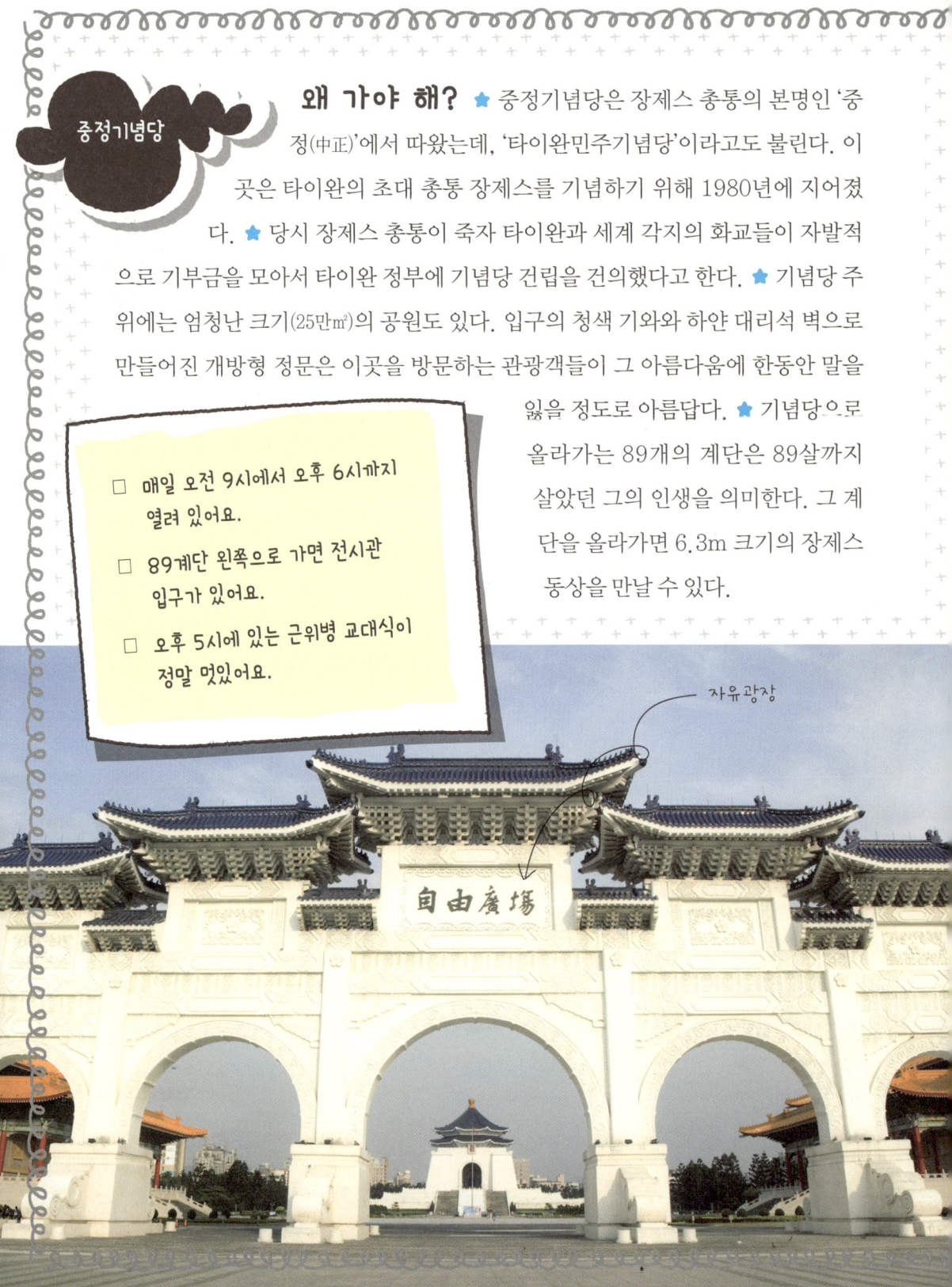

자유광장

총통이 뭐야?

타이완이나 중국의 최고 통치자를 총통이라고 한다. '대통령'이 중국어로 총통인 셈이다. 예를 들어 타이완과 중국에서는 오바마 대통령을 '오바마 총통'이라고 부른다. 또, 영어로 타이완의 차이잉원 총통을 Taiwan's President, Tsai Ing Wen이라고 한다.

한 나라의 최고 통치자를 우리는 대통령(大統領), 타이완과 중국은 총통(總統), 미국은 President라고 부르는 것이다.

뭘 보지?

장제스를 기념하는 곳, 각종 중요한 행사가 열리는 곳

정문 & 자유광장 우아~ 웅장하다 웅장해~ 찰칵찰칵

MRT 역에서 이동해 가장 먼저 보이는 것은 하늘 높이 솟은 하얀 대리석의 중정기념당 정문이다. 청명하다 못해 가슴이 뻥 뚫리는 듯한 인상을 준다. 마치 타이완의 드넓은 자유 세상으로 통하는 문처럼 느껴진다.
정문에 들어서면 넓은 광장과 양쪽으로 아름다운 정원을 볼 수 있다. 그리고 붉은 지붕의 국립희극원과 국립음악청도 마주보고 있어 웅장함이 더한다.
중정기념당 앞의 광장은 서울 시청 광장처럼 여러 행사가 열리는 곳이기도 하다. 방문 날짜에 따라 다양한 행사를 볼 수 있는데, 간혹 어린이를 위한 애니메이션 캐릭터 행사도 열린다.

中正紀念堂

헐~ 축구 경기해도 되겠어~

★ 여기선 기념사진 필수! 사진이 멋지게 나오거든! 정문에서 아치 정문이 나오게 한 컷! 그리고 광장 중앙에서 중정기념당이 나오게 한 컷!

국립희극원   정문   국립음악청

광장

장제스 동상 & 전시관
이렇게 웅장한 곳에 계시는 분, 누구세요?

89계단을 올라가면(힘들면 1층 전시관을 통해 엘리베이터로 이동해도 된다) 청동으로 만든 어마어마한 크기의 장제스 동상을 만날 수 있다. 동상을 지키며 절대 움직이지 않는 근위병 옆에서 사진을 찍어 보자. 찰칵! 이곳에서 근위병 교대식이 열린다.
1층 전시관에는 장제스에 대한 기록과, 그가 사용하던 물건과 자동차 등이 전시되어 있다.

내 뒤로 '윤리, 민주, 과학' 이라고 써 있어. 나의 정치이념이야.

장제스가 직접 탔던 자동차야.

근위병 교대식
가장 인기 있는 멋진 근위병의 교대식~

국부기념관과 마찬가지로 중정기념당에서 관광객들에게 가장 인기 있는 것은 바로 근위병 교대식이다. 매시간 정각이면 보초를 서던 근위병들이 절도 있는 교대식을 펼친다. 근위병들의 근엄하고 엄숙한 표정과 몸동작을 보고 있으면 멋진 모습에 입이 쩍 벌어진다. 보는 사람들의 마음을 사로잡고도 남을 만큼 강렬하다.

우리 모두 진짜 군인이야!

★ 어린이라면 누구나 멋진 근위병의 모습을 따라 하게 될걸~. 엄청 멋지거든.

중정기념당에서 알게 되는
세계 역사

제2차 세계대전의 지도자들

중정기념당 전시관을 둘러보면 제2차 세계대전의 역사적인 지도자들의 사진과 그림을 볼 수 있다. 많은 지도자들 중 장제스 외에도 스탈린, 처칠, 루스벨트에 대해서는 조금 더 알아 두자.

- 제2차 세계대전 중 영국의 수상을 맡았던 정치가
- 영국의 유화정책*을 반대했던 인물
- 독일의 유럽 침공을 예견했던 인물
- 미래를 내다보는 남다른 눈을 갖고 있었던 인물
- 히틀러에게 맞서 연합국을 승리로 이끌었던 인물
- 폐쇄적이고 비밀스러운 소련을 '철의 장막'으로 비난했던 인물
- 《제2차 세계대전》이라는 책으로 노벨문학상을 수상한 문학가

영국 수상 윈스턴 처칠

건설은 더디고 수년이 걸리는 힘든 작업이지만, 파괴는 단 하루의 무분별한 행동만으로 가능하다.

*유화정책이란, 상대국이 적극적으로 의견이나 정책을 펼치는 것에 대해 똑같이 응대하기보다 오히려 양보와 타협으로 상대를 무마하려는 정책을 말한다.

"To build may have to be the slow and laborious task of years. To destroy can be the thoughtless act of a single day."

- 미국 역사상 유일하게 4번이나 대통령을 역임
- 소아마비로 하반신을 쓸 수 없었던 장애인
- 제2차 세계대전을 승리로 이끌었던 인물
- 역사상 위대했던 미국 대통령 3위 안에 들어가는 대통령

- 공산국가 소련(현재 러시아)의 기반을 다지고 공업화를 성공시킨 인물
- 제2차 세계대전 중, 독일 침공으로 나라 전체의 심각한 어려움을 맞았으나 이를 극복하고 소련을 전쟁에서 승리로 이끌었던 인물
- 제2차 세계대전 후 소련을 미국과 맞서는 초 강대국으로 만든 인물

미국 정치가
루스벨트

행복은 성취의 기쁨과 창조적 노력이 주는 쾌감 속에 있다.

소련 정치가
스탈린

한 사람의 죽음은 비극이지만 백만 명의 죽음은 통계다.

"Happiness lies in the joy of achievement and the thrill of creative effort."

"One death is a tragedy. A million is a statistic."

니하오~

난 스펀에 사는 쓰위라고 해.

요즘 여기는 한국 드라마, 예능, 가요가 인기가 많아. 예전에 TV에서 한국 예능 프로그램인 〈꽃보다 할배-타이완 편〉을 보고 한국 사람들도 타이완에 관심이 많구나 싶어 얼마나 기뻤는지 몰라. 그 프로그램에서 나온 곳 중에 스펀이 내가 사는 곳이야.

스펀은 천등에 소원을 적어 날리는 것으로 유명한 관광지야. 대부분 핑시선이라는 관광 열차를 타고 오는데, 스펀 말고도 고양이 마을이라는 별명을 가지고 있는 '허우통'과 평평한 개울이 흐르는 마을이라는 뜻의 '핑시'도 좋아. 천천히 움직이는 관광 열차를 타고 창밖 풍경을 구경하는 것도 재밌어. 허우통에서 고양이들 실컷 보고, 스펀에서 천등을 날리고, 핑시에서 소문난 소시지 먹으며 개울을 구경해 보는 건 어떨까?

P.S. 더운 7~8월에 이곳을 방문한다면 고양이 마을 허우통에서 고양이를 많이 만날 수 없을지도 몰라. 너무 덥다 보니 고양이들도 그늘을 찾아 숨어 있어서 찾기 힘들거든.

핑시선

기차를 타면 어디를 갈 수 있어? ★ 관광 열차 핑시선은 '핑시' 마을을 중심으로 주변의 작은 마을이 연결되어 있는 철도이다. 과거, 탄광이었던 작은 마을을 연결해서 석탄을 편리하게 운반하기 위해 만들어진 철로였다. ★ 탄광업이 몰락하면서 핑시선의 마을들은 관광지로 바뀌었고 열차도 예쁜 그림이 그려진 관광 열차로 변신했다. ★ 핑시선은 5개의 마을 역에 멈춰 서는데 그중에서도 고양이 마을로 유명한 허우통과 천등에 소원을 써서 날릴 수 있는 스펀과 핑시가 사람들이 주로 찾는 마을이다.

☐ 스펀과 핑시에서 하늘을 올려다봐요. 하늘에 천등이 둥둥 떠 있어요.

☐ 천등에 소원을 적어 하늘로 날려 봐요.

☐ 스펀에 천등 날리는 사람이 너무 많다면 핑시에서 천등을 날려요.

☐ 고양이 알레르기가 있다면 허우통은 통과! 꼭 가고 싶다면 알레르기 약을 챙겨요!

스펀에서 뭐 하지?

핑시선의 하이라이트 스펀 천등에 소원을 담아 날리는 곳

천등 날리기
천등에 소원을 적고 하늘에 띄워~

스펀은 핑시선의 가장 인기 있는 역이다. 이유는 하나! 천등을 날리기 위해서이다. 스펀 여행의 최고는 역시나 소원을 적은 천등 날리기이다.

스펀 역에 내리면 철로를 따라 양옆으로 천등을 파는 상점들이 빼곡하게 줄지어 서 있다. 마을 가운데의 철로는 어느새 천등을 날리는 사람, 사진을 찍는 사람들로 가득하다.

★ 철로 위 하늘로 올라가는 천등을 보면 저절로 기분이 좋아지고 가슴이 뭉클해져.

엄마~ 잘잡아요~ 두근두근~

● 천등의 유래

천등에 대한 유래는 여러 가지가 있다. 그중 하나를 살펴보면, 옛날 핑시 지역에서 천등을 날렸던 목적은 '알림'이었다고 한다. 타이완은 험난한 산악 지대가 많고 나무도 우거져서 길이 험하다. 그래서 산속의 조그마한 마을끼리 쉽게 연락을 할 수 있는 방법이 천등이었다. 마을이 적의 침입을 받았는지, 평안한지 등의 소식을 전했던 것! 하지만 과거의 뜻과는 달리 오늘날은 소원을 담아 날리는 등이 되었다.

어쩌면 우리가 사는 이 지구의 땅에서, 소원을 들어 줄 신이 사는 저 하늘로 소원의 메시지를 보낸다는 점에서 비슷한 의미이지 않을까.

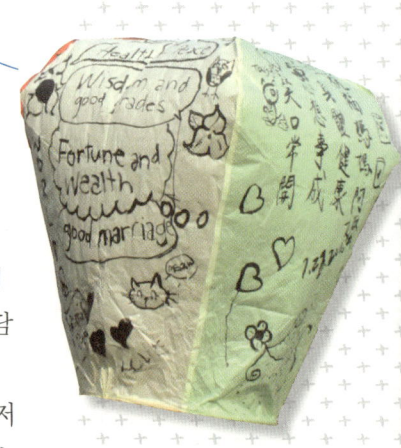

● 천등 날리는 방법

① 먼저 마음에 드는 천등 가게에서 천등을 구입한다.

② 색마다 의미하는 소원이 다르니 내가 빌고 싶은 것의 색을 고른다. 2개나 4개를 고를 수 있다.

- 🟢 승진
- 🔴 건강, 평화
- 🟣 학업(공부)
- 🟡 금전(돈)
- ⚪ 장래, 미래
- 🩷 사랑
- 🔵 순리(모든 일이 술술 잘 풀리는 것)
- 🟠 행운
- 🩷 행복

③ 천등의 4면에 모두 소원을 적는다. 각 색에 맞게 소원을 적자! 그림도 그리며 예쁘게 꾸며 본다. 나중에 사진으로 찍을 거니까~.

④ 점원에게 다 적었다고 얘기하면 천등을 선로로 옮겨 준다. 그사이, 천등을 잡고 포즈를 취해 사진을 찍는다.

⑤ 천등 중간에 종이 뭉치를 넣어 불을 붙인다. 천등이 하늘로 날아갈 준비를 마친 것!

⑥ 손을 떼고 천등을 하늘로 보내 준다. 내 소원이 하늘로 날아가는 순간! 천등을 보며 나의 소원을 마음속으로 다시 한 번 빌어 본다.

난 '행복, 학업, 금전, 행운' 할래~

엄마 아빠 얘기도 꼭 적어. 감동하실걸~. 💙🤍💙

소원이 이루어질 것만 같아~

★ 천등이 하늘로 날아가는 원리는 뭘까?

천등 아래의 종이에 묻은 연료가 타면서 천등 속이 점점 따뜻해지고, 따뜻해진 공기는 위로 올라가려는 성질이 있어서 하늘로 올라가는 거야. 더운 것이 위로 올라가고 차가운 것이 아래로 내려가는 대류 현상 때문이지.

정안적교
아찔아찔, 흔들 다리

굵은 와이어로 만들어진 흔들 다리! 다리 중앙에서 스펀과 지룽 천을 바라볼 수 있다. 바람이 많이 불거나 다리 위에 사람이 많을 때는 생각보다 꽤 흔들리기 때문에 고소공포증이 있는 어린이는 다리 밖에서 구경하자.

★ 흔들흔들 무섭지만 도전해 본다면, 다리 중간에서 기념 촬영을 잊지 마.

와~ 저기 천등 날아간다~

닭 날개 볶음밥
스펀에 가면 꼭 먹어야 해

스펀에 가면 꼭 먹어 본다는 '닭 날개 볶음밥'. 스펀 역에서 나와 철로 쪽으로 조금 가다 보면 맛있는 냄새와 함께 긴 줄을 볼 수 있다. 바로 닭 날개 볶음밥! 닭 날개 안에 볶음밥을 통통하게 채워 넣은 것으로 맛있다.

★ 한글 메뉴판이 따로 있을 정도로 한국 손님도 많아. 취두부가 들어 있는 메뉴도 있으니까, 취두부의 향이 싫다고 주문할 때 잘 말해야 해.

천등으로 알게 된 타이완 문화

타이완 곳곳을 밝히는
등불

타이완의 음력 1월은 곳곳에 등불이 켜지는 달이다. 타이완 사람들이 등불을 워낙 좋아하기도 하지만, 한 해의 소원을 빌며 천등을 날리는 원소절(음력 1월 15일)이 있는 달이기 때문이다.

스펀이나 핑시를 방문해서 천등을 날릴 수도 있지만, 타이베이 곳곳에서, 특히 용산사를 비롯한 크고 작은 사찰 주변에서도 아름답고 다양한 등을 쉽게 찾아볼 수 있다.

음력 1월은 타이완 곳곳이 등불 천지

수천 개의 천등을 볼 수 있는
타이완의 천등 축제

타이완의 정월 대보름인 원소절(음력 1월 15일)에 천등제라는 축제가 열린다. 이 축제는 세계 최고의 축제 중 하나라 꼽을 정도로 성대하게 열린다.

그중에서도 핑시에서 열리는 '핑시 천등축제'가 가장 유명한 축제다. 덕분에 원소절의 핑시 지역에는 타이완 사람들뿐만 아니라 세계 곳곳에서 온 사람들로 가득하다. 소원을 담은 엄청난 수의 천등이 깜깜한 밤하늘에 빛나는 환상적인 장관이 펼쳐진다.

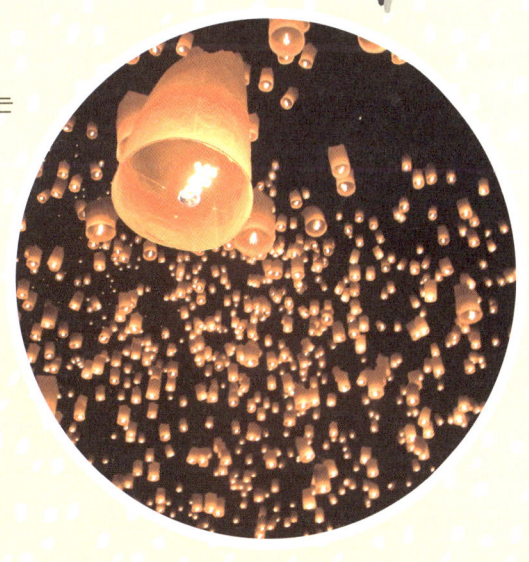

★ 원소절에는 타이완 곳곳에서 천등 말고도 불꽃놀이나 레이저쇼, 분수쇼 등을 볼 수 있어.

허우퉁에서 뭐 하지?

고양이 천국에 오신 걸 환영합니다~

고양이 마을 허우퉁
귀여운 고양이 보느라 정신이 하나도 없어~

고양이를 좋아하는 친구들이라면 꼭 가야 할 곳! 이곳은 행복한 고양이들이 사는 곳이다. 허우퉁은 탄광 마을이었는데, 1992년 폐광 이후 마을 사람들이 떠돌이 고양이들을 돌보면서 지금의 고양이 마을이 되었다. 고양이가 많은 것은 당연하고, 안내 표지판이나 장식, 바닥의 타일까지도 고양이 모양으로 고양이 천지다. 고양이가 주인인 마을에 잠시 초대받은 것 같은 느낌을 받을 수 있다.

어서 와~ 친구 하자~

● **고양이와 함께 살아가는 곳, 그곳에서 내가 지켜야 할 것들**

☐ 이곳은 관광지이기 이전에 현지인들이 생활하는 곳이에요. 아무 집이나 불쑥 문을 열고 들어가서는 안 돼요.

☐ 사람이 먹는 음식을 고양이에게 주면 안 돼요. 고양이 먹이만 주세요!

☐ 고양이 사진을 담을 때 플래시는 금물! 고양이가 놀랄 수 있어요.

☐ 고양이를 위협하거나 괴롭히지 말아요.

☐ 고양이가 밥을 먹고 있거나 잠을 자고 있다면 방해하지 말아요.

졸리다! 건드리지 마라!

포켓몬 몬스터볼 ▲
모양의 전시품

허우통 역에 내리자마자 고양이들이 가득~

허우통 역에 내리자마자 역 곳곳이 아기자기하고 귀여운 고양이 소품들로 가득, 고양이들이 우리를 반긴다.

다양한 모습의 고양이들

허우통 곳곳에는 다양한 모습의 고양이들을 만날 수 있다. 고양이들은 누구의 눈치도 보지 않고 편하게 쉬거나 장난을 친다. 고양이들이 사람을 무서워하거나 경계하지 않는다.

빠질 수 없는 고양이 스탬프

이곳에도 당연히 스탬프가 있다. 허우통 역에서 귀여운 고양이 스탬프 찍는 걸 잊지 말자.

> 더운 7, 8월엔 우리 보기 힘들어. 그늘로 피신~!

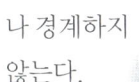

★ 고양이들에게 간식을~

허우통 역 주변 상점에서 고양이 간식을 사서 들고 다니면 고양이들이 쪼르르 따라온다. 고양이들의 사랑을 한 몸에 받을 수 있다.

> 고양이들에게 사랑받는 법~

니하오~

나는 옌팅이라고 해.

난 지질학에 관심이 많아. 아빠가 대학에서 지질학을 가르치고 계셔서

어릴 때부터 아빠를 따라 타이완의 이곳저곳을 다녀서 그런 것 같아.

여러 곳을 다녀 봤지만 예류가 최고라고 자신 있게 얘기할 수 있어.

갈 때마다 신기하고 재밌는 곳이거든.

예류에는 구멍이 숭숭 난 신기하게 생긴 바위들이 정말 많아.

아빠 말씀으로는 그 신기한 바위들은 파도와 바람, 햇빛이 오랜 시간 동안

천천히 만들어 낸 거래. 아빠는 그걸 '침식 작용'과 '풍화 작용'이라고

하셨어. 초등학교 고학년이면 수업 시간에 들어 봤을 거야.

예류의 신기한 바위들은 관광객들에게 인기가 많아. 마치 외계인이 사는

행성에 온 것 같은 느낌이 들어서인 것 같아. 특히 사진을 찍어 보면

진짜로 우주 다른 행성 같다니까. ㅋㅋㅋ

그늘이 없어 덥고 힘들 수 있지만, 언제 또 볼 수 있겠어. 안 보면 후회할

거야. 꼭 사진으로도 남기고~

예류지질공원

자연이 만들어 낸 신비한 세계
★ 예류의 해안에는 신기한 모래 암석(사암)과 용암, 오랜 시간에 걸쳐 바람과 파도에 깎인 바위들이 제멋대로 흩어져 있다. ★ 세계 지질학 분야에서 중요한 생태계 자원으로 인정받는 예류지질공원은 다른 곳에서는 볼 수 없는 독특한 풍경으로 유명한데, 공원을 걷다 보면 마치 지구가 아닌 다른 행성에 있는 것 같은 착각이 들기도 한다. ★ 타이완 관광의 최고로 꼽히는 예류는 기이한 바위와 함께 재미있는 사진을 찍으려는 사람들로 항상 붐빈다.

☐ 아침 8시에서 오후 5시까지 방문할 수 있어요.
☐ 신기하다고 바위를 만지거나 발로 차면 절대 안 돼요. 소중한 문화재이고 지금도 풍화 침식되고 있거든요.
☐ 그늘이 없어요. 물, 선크림, 모자, 긴 소매 옷을 챙겨요.
☐ 절대 뛰지 말아요. 바위가 많고 길이 평평하지 않아 위험해요.

만지면 안 돼요!

우리와 닮은 바위를 찾아봐~

THE CHINA POST

여왕머리바위 보수에 적극 찬성 밝혀

타이베이 예류지질공원에서는 '여왕머리바위'의 침식이 계속되고 있어서 5~10년 뒤에는 목 부분이 부러질 수도 있다고 예측했다. 이에 대한 대책을 앞두고 찬성과 반대 의견이 팽팽한 가운데, 과반수가 넘는 타이완 국민이 여왕머리바위 보수에 대해 적극적으로 지지하고 있다. 국립타이완대학의 진 추(Jinn Chu) 교수는 세라믹 물질의 침식 방지물을 삽입하는 것에 대한 의견을 내기도 했다.

여왕의 목이 점점 얇아지고 있어.

경고!

바위를 만져선 안 돼!
자연의 예술품이니 보호해야 겠지?
관리인이 따로 있으니까
절대 만지지 않도록 해.

❼ 선녀신발 바위

❽ 치킨 바위

❾ 린티엔첸 동상

❿ 두부 바위

★ 예류의 바위들은 크게 3가지로 구분된다.
버섯 모양인지 생강 모양인지 촛대 모양인지만 알면 끝~

버섯 바위
이 바위가 이곳을 우주로 만들었어

위쪽은 굵고 큰 구슬 모양, 아래쪽은 비교적 가는 돌기둥으로 되어 있다. 이러한 바위를 버섯 바위라고 하는데, 여왕 머리 바위와 아이스크림 바위가 대표적인 버섯 바위이다.

헐~ 이게 진짜 버섯이면 100명은 먹겠다!

● **버섯 바위, 너무 다양해**

동그랗게 생긴 바위는 많은데 그 모양이 너무 다양해서 전부 다 버섯 바위는 아닌지 헷갈릴 수 있다. 버섯 바위는 시간이 흐르면서 비, 바람, 파도, 햇빛의 영향으로 목이 없는 것, 목이 굵고 얇은 것, 목이 가는 것으로 나뉜다.

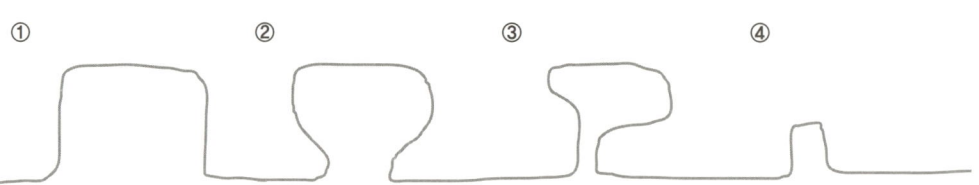

① 목이 없는 모양
침식으로 목이 없는 모양의 바위가 생긴다.

② 목이 굵은 모양
시간이 지나면서 침식이 더 되어 목이 생긴다.

③ 목이 얇은 모양
시간이 계속 흐르면서 목이 더 얇아진다.

④ 목이 없는 모양
시간이 더 흘러 목이 더 얇아져서 결국엔 부러지고 없어진다.

생강 바위
울퉁불퉁~
멀리서 보면 진짜 큰 생강 같아

단단한 것과 부드러운 것이 불규칙하게 섞여 있던 바위가 시간이 지나면서 부드러운 부분이 바람이나 파도에 의해 침식돼 늙은 생강처럼 울퉁불퉁하게 보이는 것이다. 선녀 신발 바위가 생강 바위이다.

거인이 먹는 생강인가 봐~

얼마나 큰 초를 끼워야 해?

촛대 바위
사람이 만든 게 아닌데
어떻게 저럴지?

촛대 바위는 바닷가 끝부분에서 볼 수 있다. 그 이유는 중간의 초를 받치고 있는 동그란 띠의 골이 파도가 동그랗게 회오리치면서 만들어졌기 때문이다. 얼마나 많은 파도와 바람에 깎여야 저런 모양이 되는지 신비롭다.

대자연이 만든 예술품

여왕머리바위

- **이름** : 여왕머리바위(머리를 높이 올린 유명한 여왕이나 왕비의 모습과 닮아서 붙여진 이름)

- **나이** : 대략 4,000살

- **사는 곳** : 예류지질공원 제2구역

- **자란 과정** : 바위로 태어나, 모래가 섞인 바람과 비바람, 파도를 계속 맞으며 자라면서 아름다운 외모를 가지게 됨

- **자랑거리** : 예류지질공원을 찾는 모든 사람들이 함께 사진을 찍고 싶어 할 정도로 인기가 어마어마하게 많음

- **앓고 있는 병** : 목이 점점 가늘어지는 병 (풍화, 침식 작용이 병의 원인)

- **근심 걱정 거리** : 5~10년 후 목이 더 얇아져서 부러질까 봐 걱정

- **장래 희망** : 관광객들에게 더 오랫동안 아름다운 모습을 보여 줄 수 있었으면!

바람과 물이 암석을 변화시키는 작용이에요.

◀ 이집트 네페르티티 왕비

▼ 영국 엘리자베스 1세 여왕

자연이 날 조각했다고?

예류에서 배우는
자연과학 상식

돌을 깎는 무서운 물과 바람
풍화·침식 작용

지구의 표면에서는 풍와 침식이 끊임없이 일어나며, 그 결과로 다양한 땅의 모양이 만들어진다.

빙하
빙하는 바위를 깨기도 하고, 부서진 바위 조각과 흙을 이동시키면서 풍화와 침식을 일으키기도 한다.

바람
작게 쪼개진 돌이나 흙이 바람을 타고 이동하면서 풍화와 침식을 일으킨다.

물과 파도
물과 파도의 움직임이 바위를 깎거나 이동시켜 풍화와 침식을 일으킨다.

풍화 작용
강, 바다, 지하수, 빙하로 존재하는 '물'이나 강한 바람에 섞인 '모래' 등이 바위의 표면을 천천히 녹이거나 깨부수어 큰 바위가 작은 돌이나 흙으로 변화되는 과정.

침식 작용
지구 상의 물이나 빙하, 바람이 작은 돌이나 흙을 이동시키며 땅을 깎아 내거나 녹이는 것.

중력
중력은 바위 조각, 돌이나 흙이 절벽에서 아래로 떨어지게 해 풍화와 침식을 일으킨다.

너무 뜨거워;;

안녕.

나는 신위라고 해.

내가 사는 곳은 타이베이 시내에서 아주 살짝 떨어진 베이터우라는 곳이야. 이곳은 유명한 온천 지역인데, 물놀이 좋아하는 나에겐 환상적인 장소지. 너도 물을 좋아한다면 분명 이곳을 좋아할 거야.

그렇지 않아도 더운 곳인데 뜨거운 물에서 온천을 한다니 말도 안 된다고? 에이~ 모르는 소리.

우리 가족이 자주 가는 온천은 뜨거운 정도가 3군데로 나눠져 있는 곳인데, 할머니랑 아빠는 가장 뜨거운 곳에, 나랑 엄마는 가장 시원한 곳에 들어가. 시원한 온천수에서 놀고 나면 온몸이 맨들맨들 기분이 완전 좋아져. 할머니는 아픈 곳이 싹 나을 정도로 물이 좋다고 자주 오고 싶어 하시지.

여행하다 지친 다리와 몸을 온천수에 풀어 보는 건 어떨까?

가족들 모두 좋아할 거야~

베이터우 온천

우리나라 온천과 뭐가 달라?
★ 베이터우는 1905년 일본의 지시로 만들어진 온천 지역이다. 전쟁에서 크고 작은 부상을 입은 일본 군인들에게 온천이 좋겠다고 생각했기 때문이다. 이후, 제2차 세계대전 때에도 많은 일본 군인들이 베이터우에서 마지막 휴가를 보내며 건강을 챙겼다고 한다. ★ 이렇게 시작된 베이터우의 온천은 근육의 통증을 덜어 주는 유황 온천이라는 점과 방사성 리튬이라는 치료 효과가 높은 물질을 가진 '베이터우 석' 때문에 전 세계적으로 유명해졌다. 타이완 사람들뿐만 아니라 관광객들에게도 인기 있는 곳이다. ★ 야외에서 온천을 즐길 수 있는 곳도 있고, 유황 온천이 지글지글 올라오는 신비한 계곡(지열곡)도 볼 수 있다.

☐ 유명한 온천 도시예요!
☐ 온천 열차를 타고가요!
☐ 색다른 유황 온천을 체험할 수 있어요!
☐ 온천욕을 하려면 수영복을 꼭 챙겨 가야 해요!

세계적으로 효능이 좋기로 유명한 베이터우 온천

신베이터우행 온천 열차
온천 열차 타고 온천하러 가자~

베이터우에서 신베이터우로 가는 기차는 온천 열차이다. 알록달록한 겉모습도 귀엽지만, 온천을 연상시키는 열차 내부는 더욱 재밌다. 온천을 타고 가는 느낌이랄까?
목욕통을 연상시키는 테이블이나 나무판자 이미지로 프린트된 벽 등 볼거리가 많고 칸마다 조금씩 다른 모습도 재밌다.

베이터우 온천박물관
100년 전에 지어진 대중탕을 구경해~

온천박물관은 100년 전에 지어진 오래된 건물이다. 건물의 겉은 서양식이지만, 안으로 들어가면 일본식 다다미가 나온다.
대중 온천탕 등의 시설이 그대로 보존되어 있고, 온천의 발달 역사 및 생활 모습을 소개하는 사진들도 있다. 베이터우의 온천을 전 세계적으로 유명하게 만든 베이터우석도 실제로 볼 수 있다.

800kg

난 세계적으로 유명하지! 나에겐 치료 효과가 높은 물질이 들어 있거든. 덕분에 이곳의 온천수가 좋은 거야.

노천 온천 탁 트인 야외에서 온천을 즐겨

베이터우의 대표 명소인 온천 노천탕이다. 탁 트인 야외에서 온천을 즐길 수 있는 곳이기 때문에 인기가 많다.

3개의 탕이 계단식으로 되어 있는데, 맨 위의 탕이 가장 뜨겁고, 아래로 내려갈수록 물의 온도가 낮아진다. 제일 아래는 시원한 냉탕이다.

온천욕을 할거면 수영복과 수건을 꼭 챙겨 가야 해. 저녁(저녁 7시~9시 45분)에 방문하면 별을 바라보며 온천욕을 즐길 수도 있어.

★ 경고! 유황은 은을 검게 변색시키기 때문에 은 제품을 착용하고 온천욕을 하는 일이 없도록 주의하자!

지열곡 산속의 신비한 온천수

산신령이라도 나올 것 같은 분위기야.

계곡을 따라 걷다 보면 유황 냄새가 솔솔 난다. 물의 온도가 90~100℃나 되기 때문에 엄청난 열과 수증기를 뿜어내다. 물(온천수)을 자세히 보면 바닥에서 뽀글뽀글 온천수가 올라오는 걸 볼 수 있다. 하루 종일 부글부글 끓어 대는 온천수가 이런 것이구나 하고 실감하게 된다. 톡 쏘는 독특한 냄새와 물안개처럼 뿜어져 나오는 수증기는 처음 해 본 신기한 경험이 될 것이다.

★ 지열곡 입구에 기념품 숍이 있어. 기념품 구경도 하고 아이스크림도 먹어 봐.

타이완의 온천문화

노천 온천에서 놀기

베이터우의 노천 온천은 남녀가 함께 이용하는 온천이라 수영복을 입어야 한다. 이곳에 갈 계획이 있다면 미리 수용복을 챙겨 가자.

한국의 큰 온천이나 워터 파크를 생각한다면 실망할 수 있다. 크기가 작긴 하지만 더운 날씨의 타이완에서 즐기는 온천은 또 다른 즐거움이 있다.

★ 준비물
- 수영복 (수영모 ×)
- 머리끈 (머리카락이 길다면)
- 샴푸 같은 세안 용품
- 수건

앗싸~

이용 방법
1. 카운터에서 계산을 하고 입장한다.
2. 수영복으로 갈아입고 보관함에 옷과 가방 등을 보관한다.
3. 온천을 즐긴다.
4. 샤워장이 조금 불편하므로 가볍게 씻기만 한다.
5. 나와서 시원한 아이스크림을 먹는다.

주의사항
- 탕으로 들어가는 입구나 탕 주변의 돌에 앉아 있으면 관리 아저씨에게 혼난다.
- 수영복을 입지 않고 발만 탕에 담그고 있을 수 없다.
- 온천 안에서 사진 촬영은 안 된다. 찍으면 관리 아저씨에게 혼난다.
- 머리카락이 길다면 묶어야 한다. 묶지 않으면 아저씨가 뭐라 하면서 머리끈을 주신다.

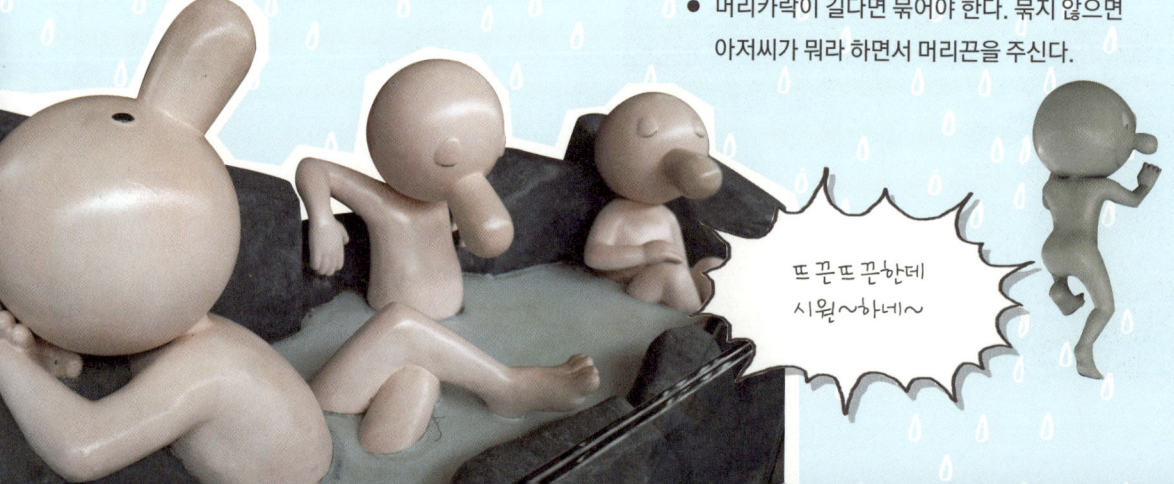

뜨끈뜨끈한데 시원~하네~

再见

짜이찌엔

안녕

여행을 준비해요~

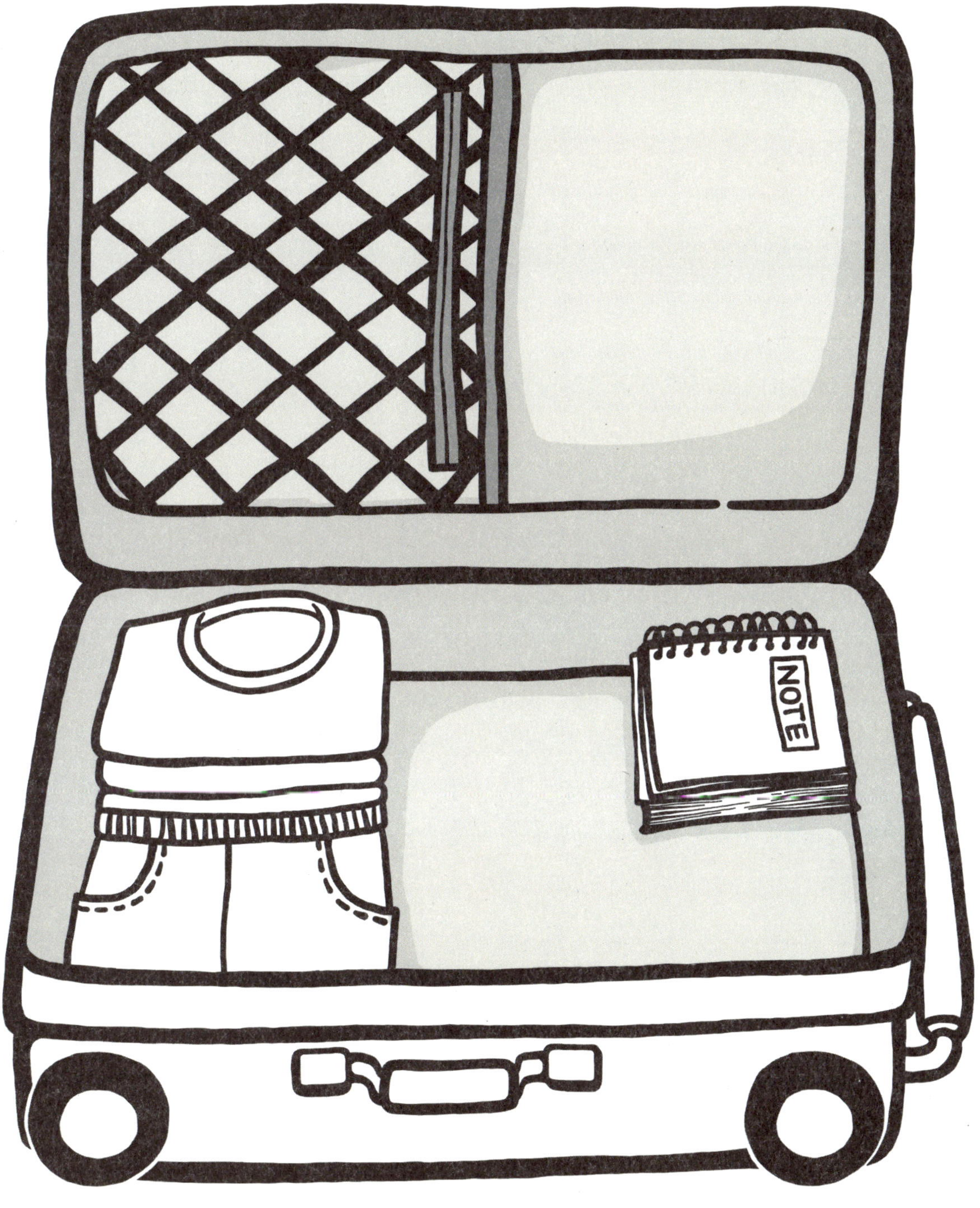

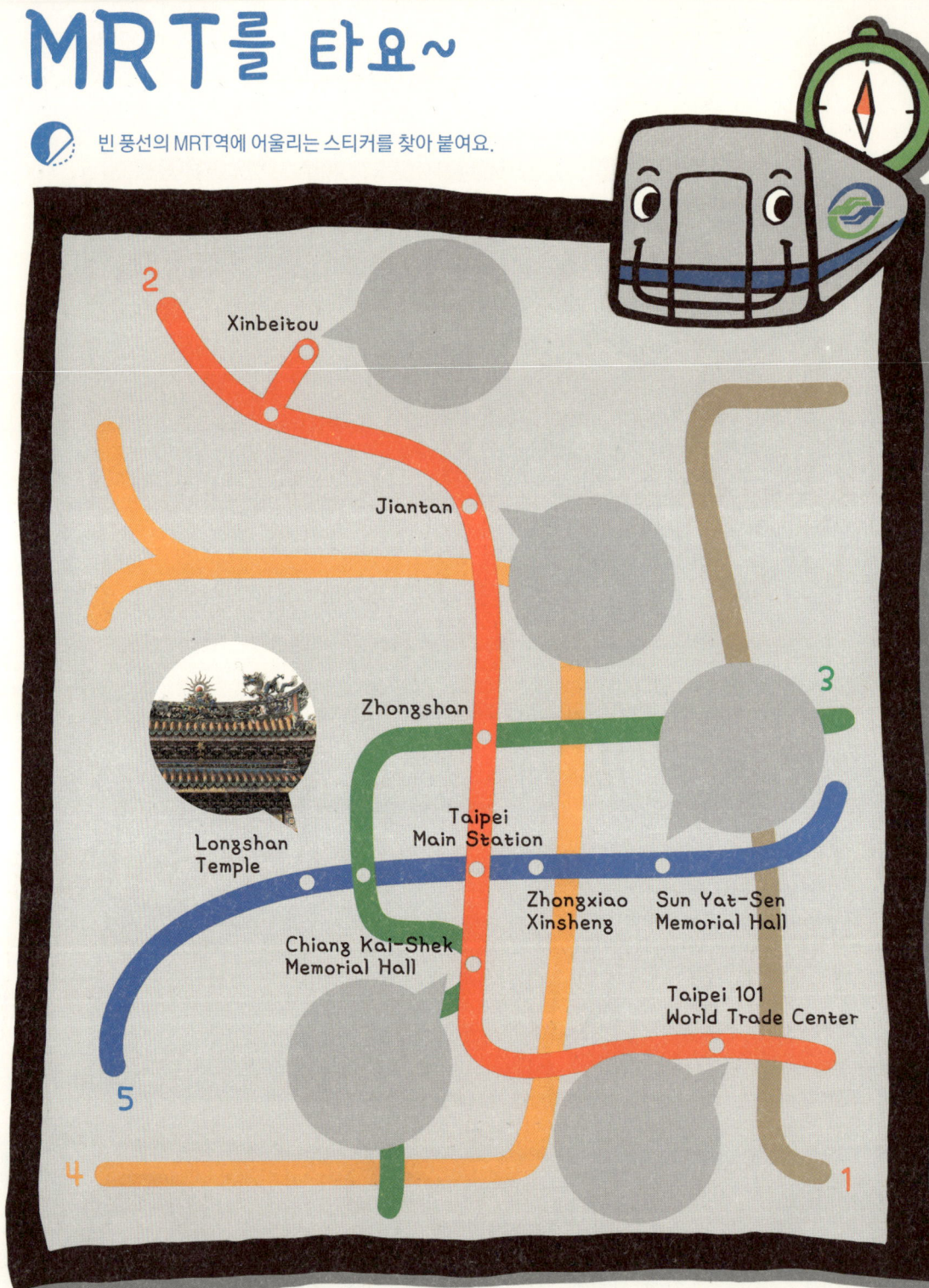

연필 장식
만들기~

① 예쁘게 색칠하기
② 바깥 테두리 오리기
③ 접어서 연필을 끼울 구멍 오리기
④ 연필에 끼우고 밑부분을 말아 풀칠해서 고정하기

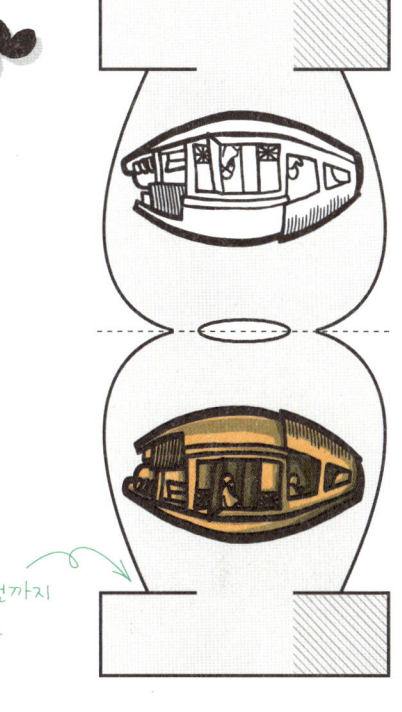

안의 검은 선까지 잘라요

  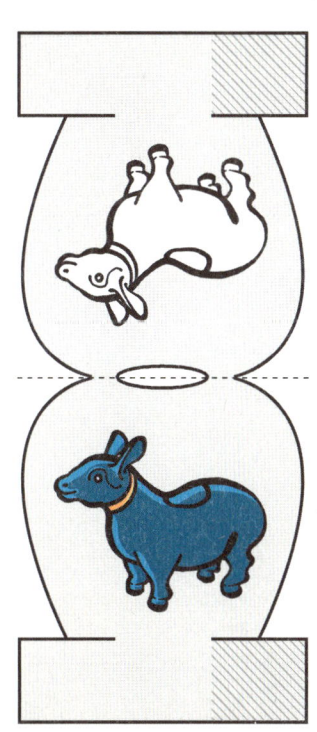

# 다른 그림 찾기~

다른 곳은 13개! 정답은 등기부 카드 끝에 있어요.

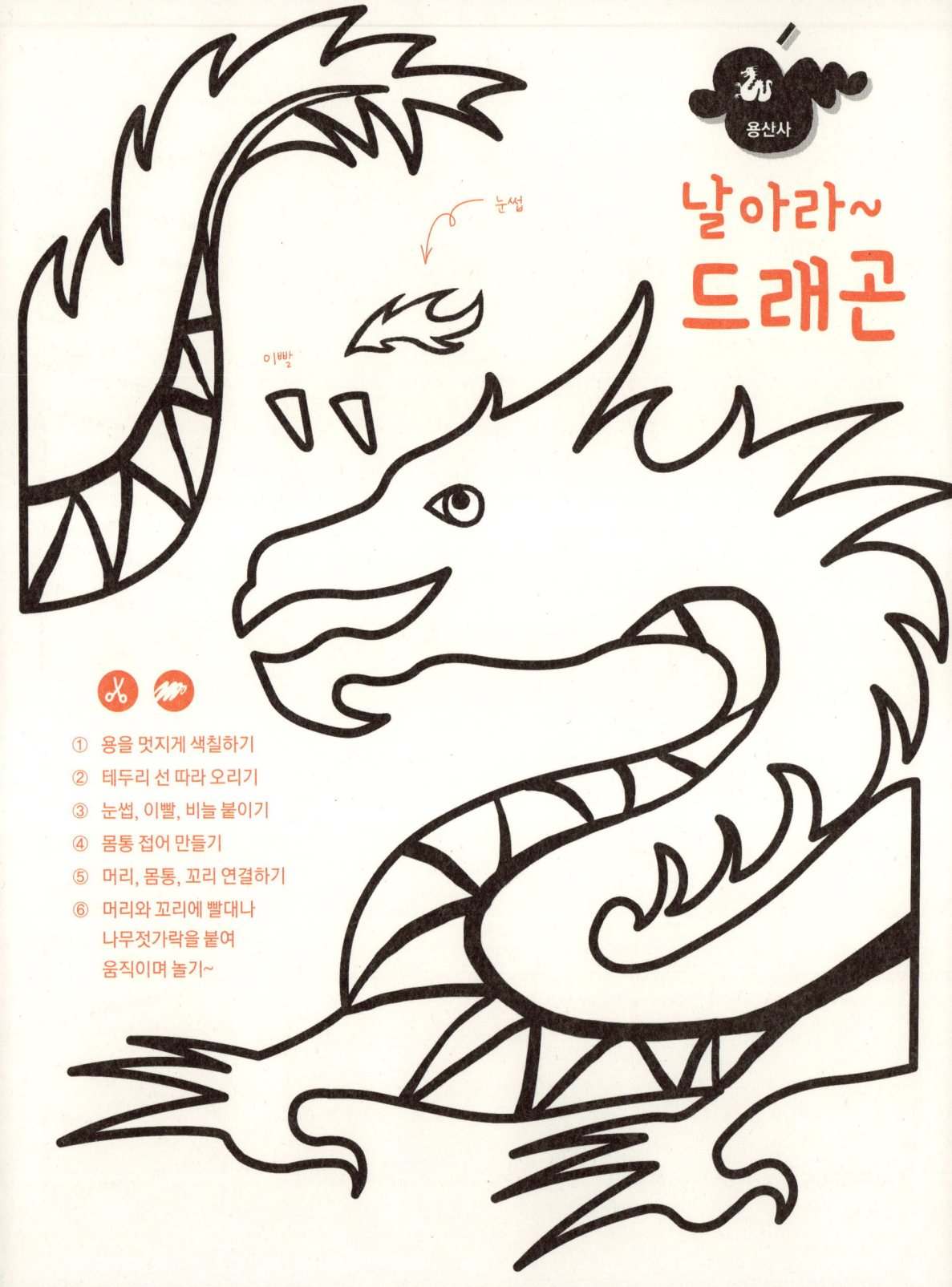

천등에 소원을 담아~

① 천등에 소원을 적고 예쁘게 꾸미기
② 굵은 선을 따라 천등과 고리 오리기
③ 천등 중앙에 고리 양 끝을 끼우고 풀칠해서 고정
④ ★ 부분 풀칠해서 붙이기
⑤ ◎ 부분 풀칠해서 붙이기

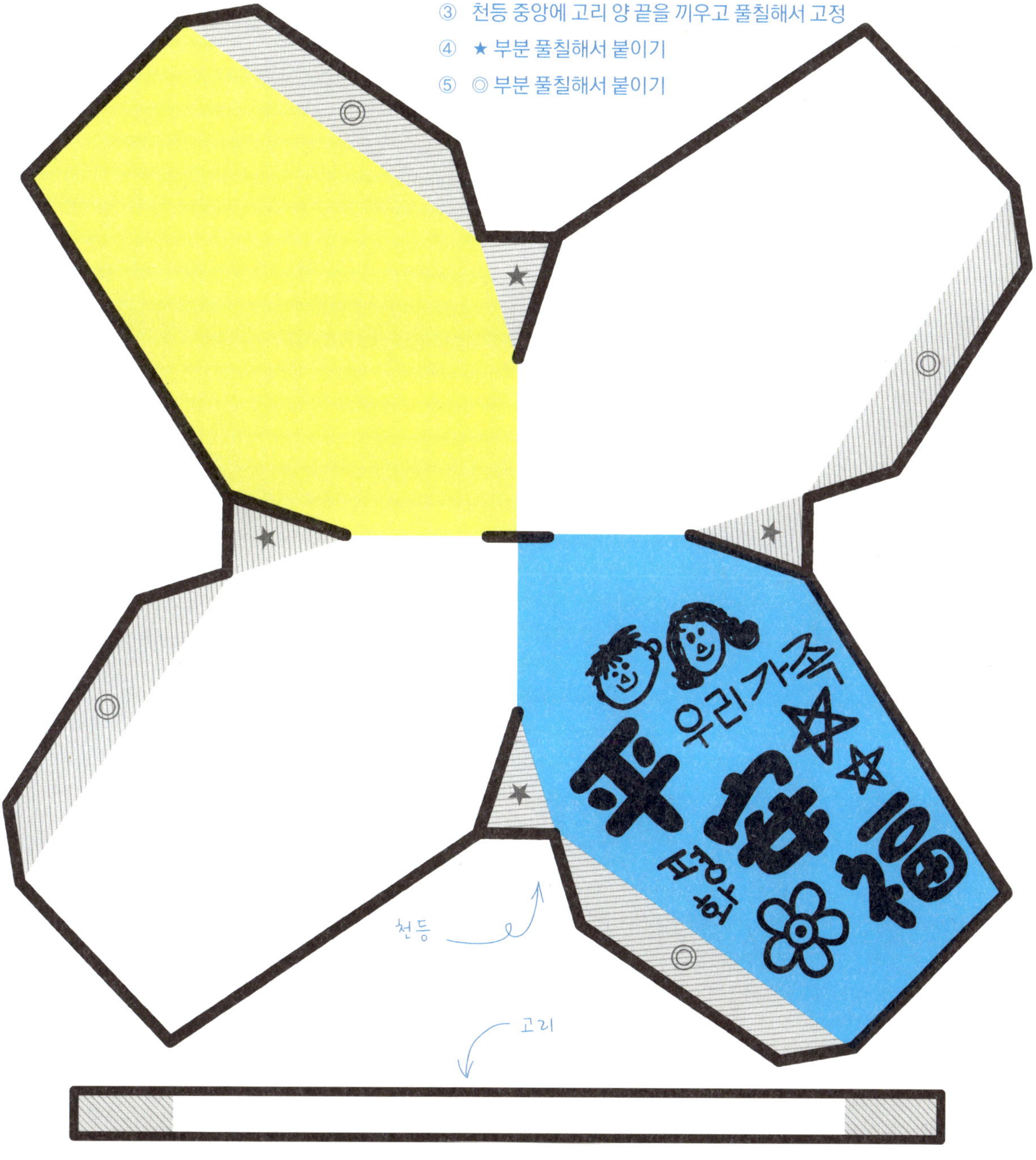

천등

고리

나만의 타이완 안경

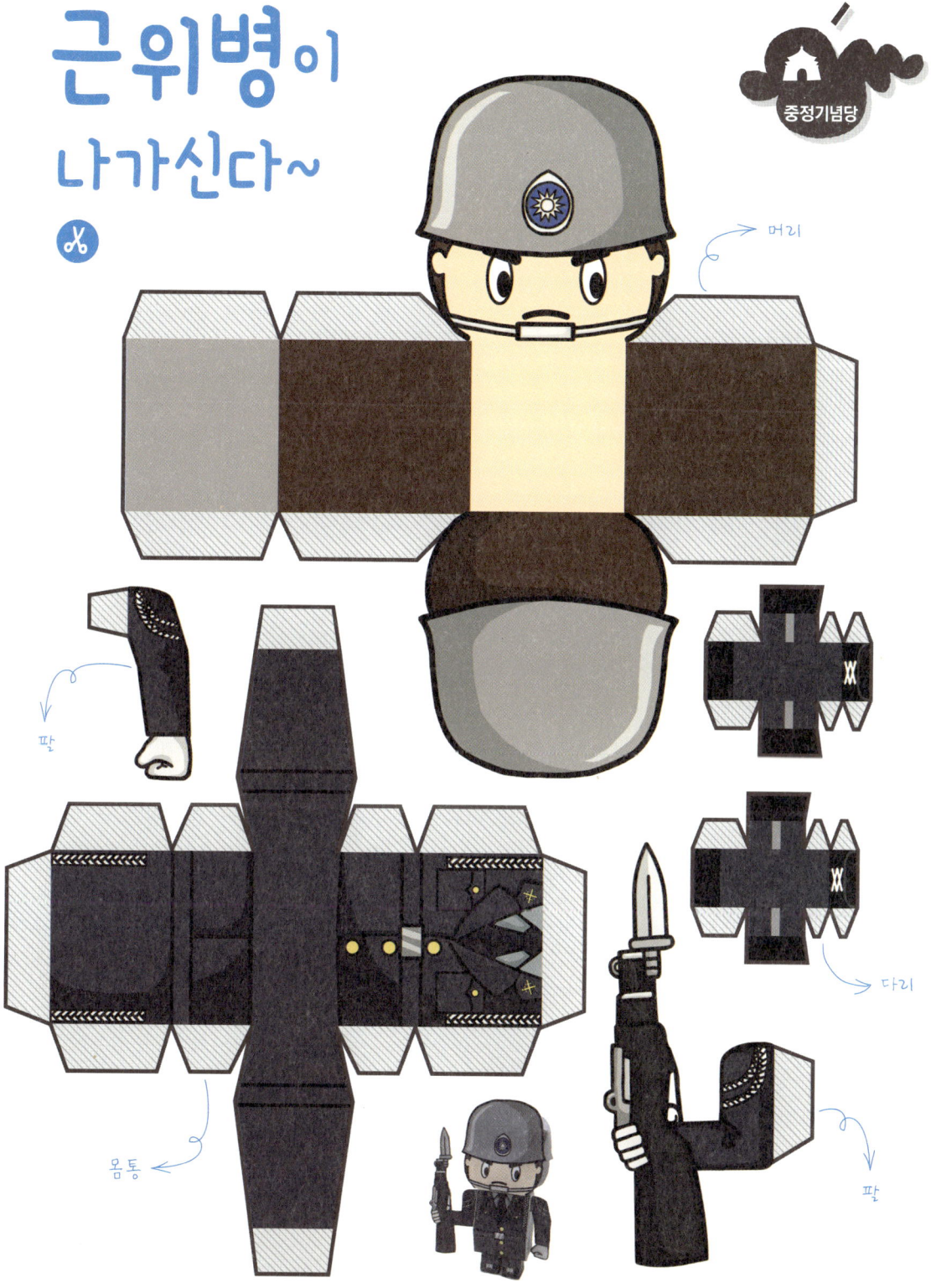

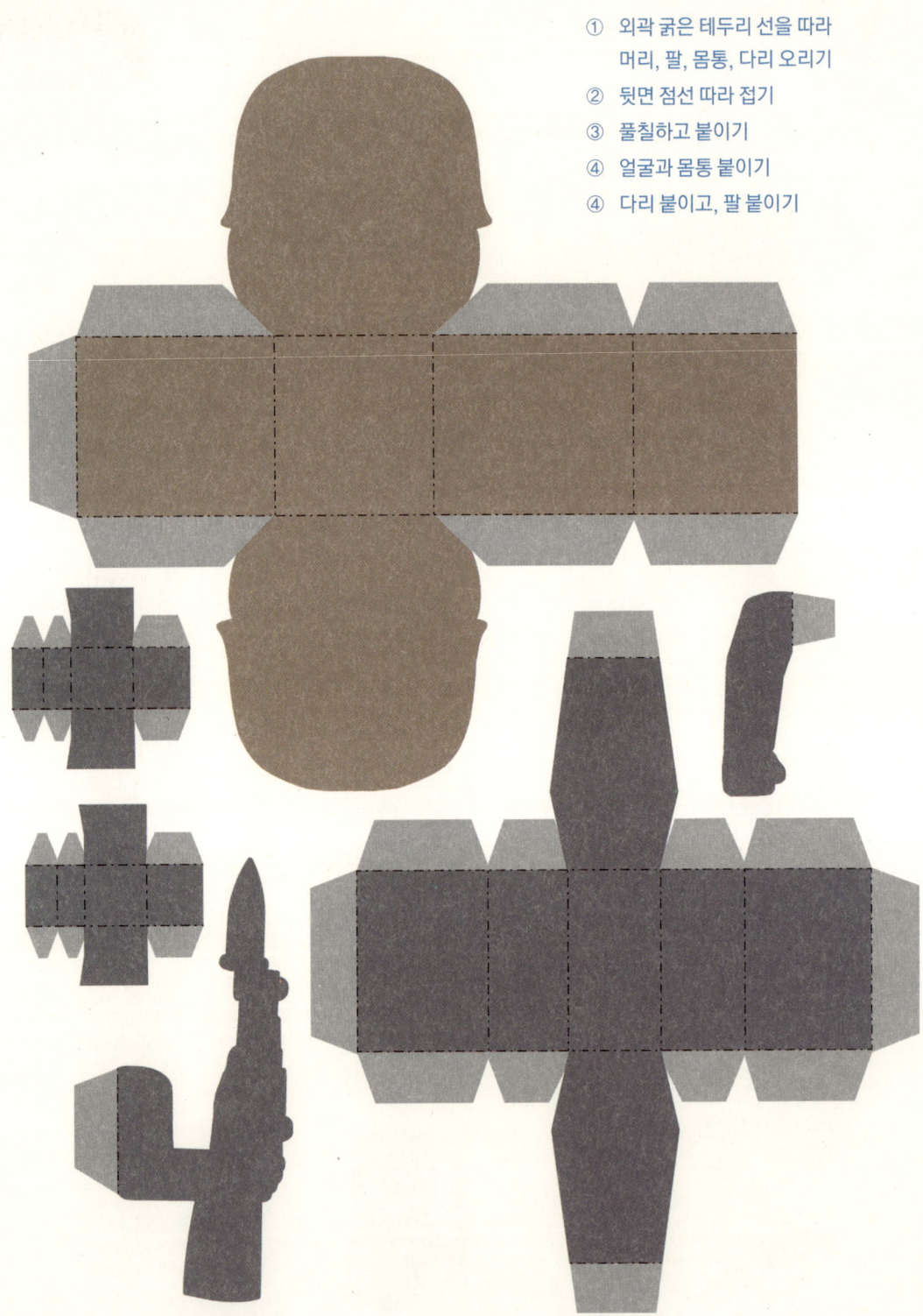

 # 예류 바위들 예류에서 본 바위들이 무엇과 닮았는지 찾아 선을 그어요.

   •   •

   •   •

   •   •

   •   •

   •   •

안녕 타이완~

점을 이어 타이완 지도를 완성하고 가로세로 퍼즐을 해요. 정답은 등기부 카드 끝에 있어요.

[가로]
① 베이터우 온천수의 원천이 되는 골짜기는?
② 온천열차는 신베이터우 역과 이 역을 오가요.
③ 달걀 썩은 냄새가 나고 연한 초록빛을 띠는 온천수는?
④ 용산사에 있는 제물의 신은?
⑤ 용산사에 있는 의술의 신은?
⑥ 중정기념당과 국부기념관에서 교대식을 하는 사람은?

[세로]
① 야시장에서 인기 있는 큰 닭튀김은?
② 베이터우에서 발견된 신비의 돌은?
ⓐ 젤리 모양의 우유를 튀긴 야시장 음식은?
ⓑ 원소절에 핑시에서 열리는 세계 최고의 축제는?
ⓒ 예류의 바위들은 이 자연의 작용으로 만들어졌어요.
ⓓ 타이베이에서 가장 오래되고 유명한 사찰은?
ⓔ 타이완에서 가장 큰 국제공항 이름은?

가자 타이완~ 구성품

 게임판
 주사위
 게임말
 별 코인
 소원천등카드
 타이완등기부

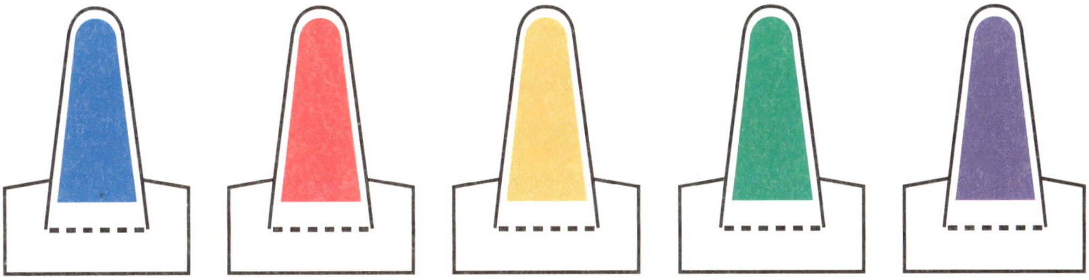

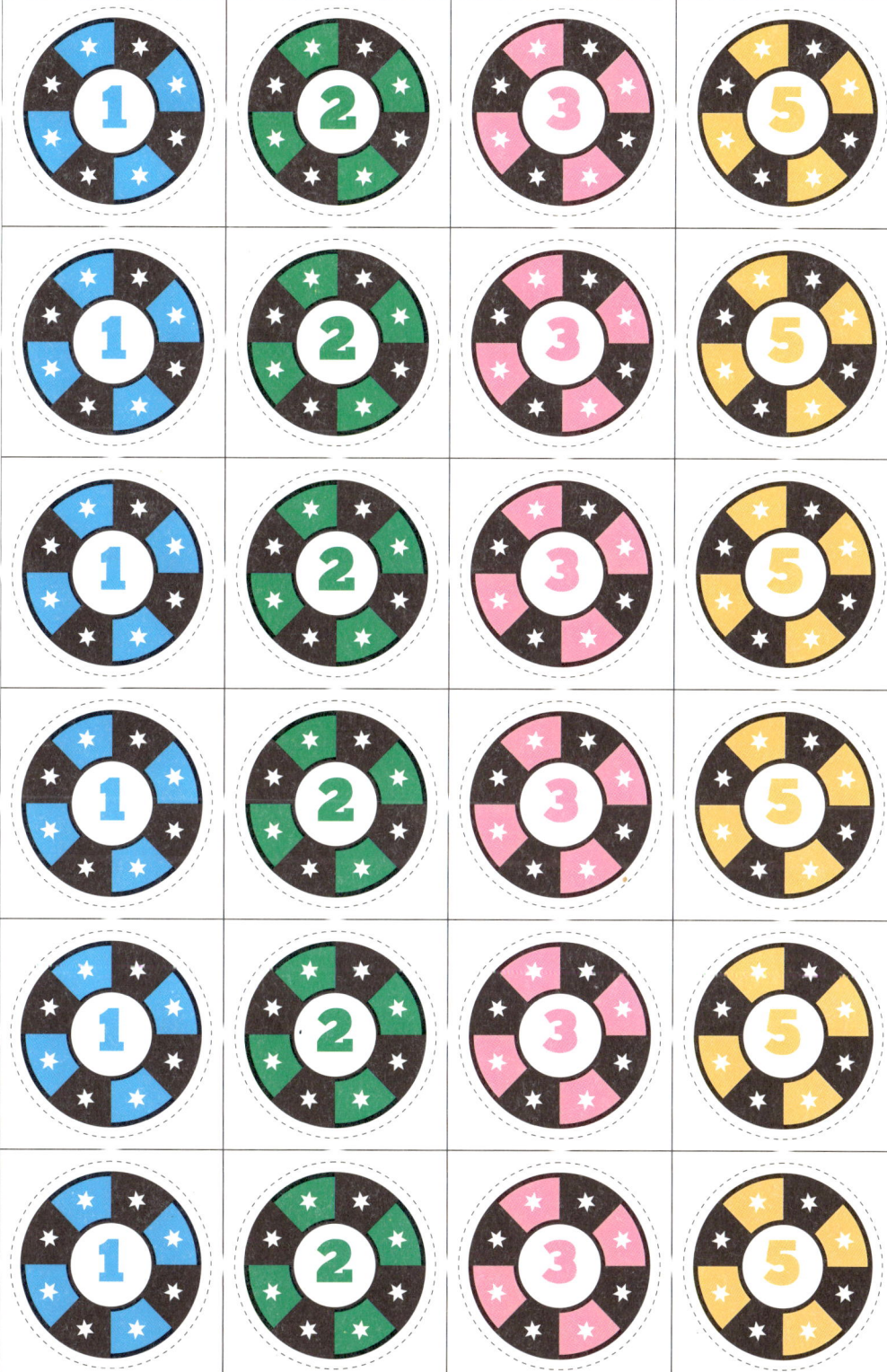

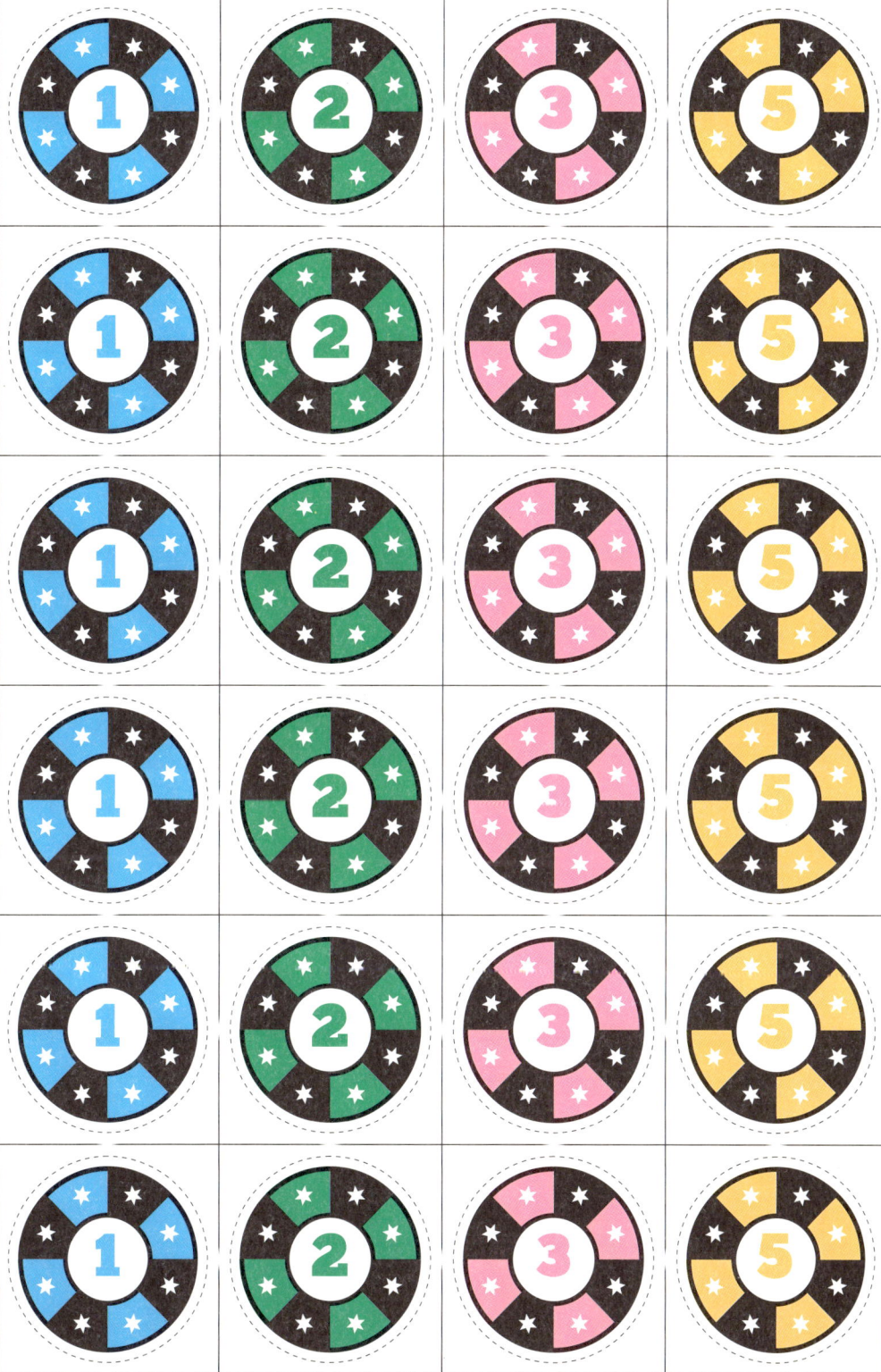

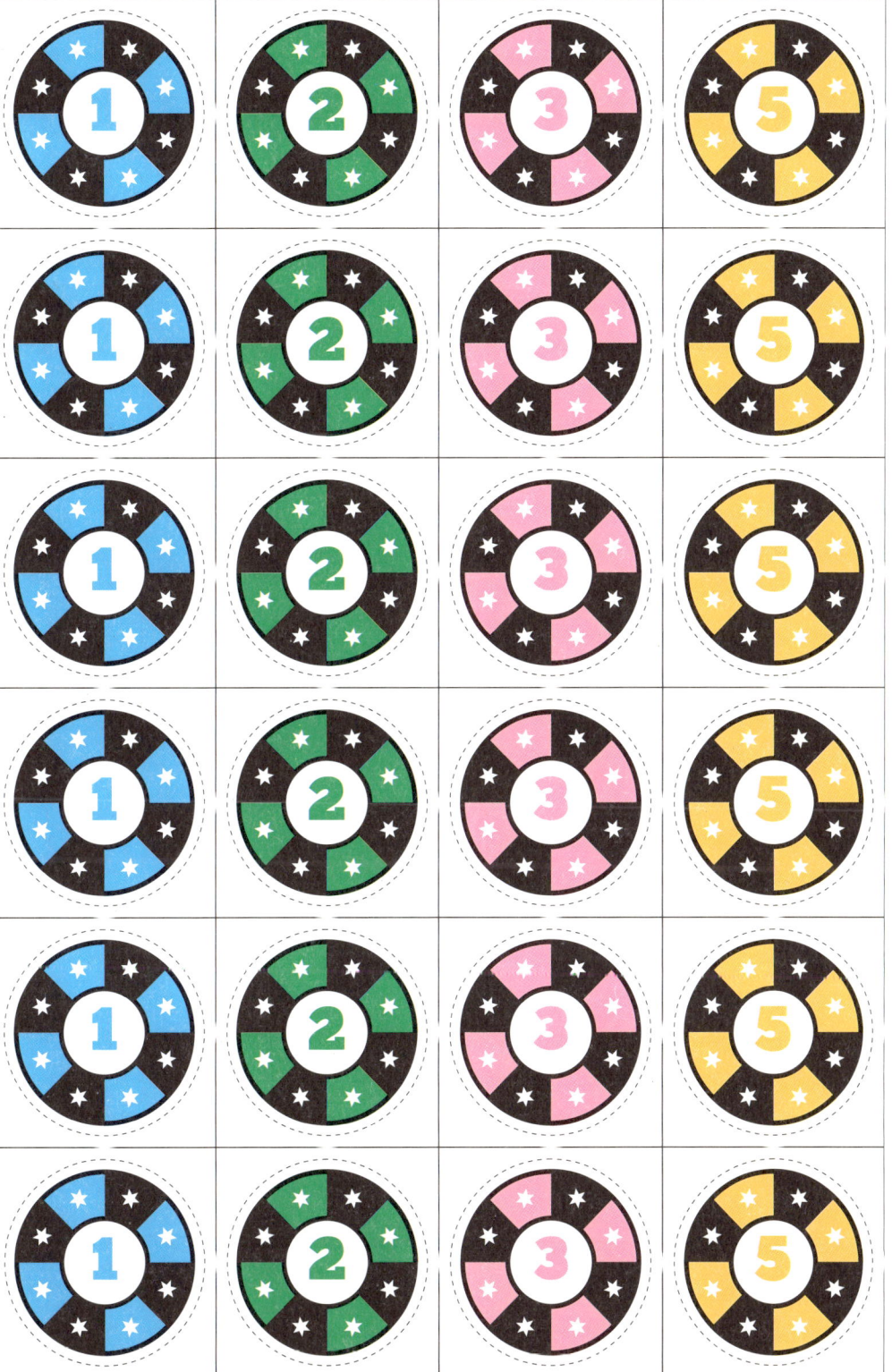

소원천등 ♥ 🏮 💧 소원쿠폰	소원천등 ♥ 🏮 💧 소원쿠폰	소원천등 ♥ 🏮 💧 소원쿠폰	소원천등 ♥ 🏮 💧 소원쿠폰
소원천등 ♥ 🏮 💧 소원쿠폰	소원천등 ♥ 🏮 💧 소원쿠폰	소원천등 ♥ 🏮 💧 소원쿠폰	소원천등 ♥ 🏮 💧 소원쿠폰
소원천등 ♥ 🏮 💧 소원쿠폰	소원천등 ♥ 🏮 💧 소원쿠폰	소원천등 ♥ 🏮 💧 소원쿠폰	소원천등 ♥ 🏮 💧 소원쿠폰

카드 1
타이베이의 랜드마크인 이 건물은 하늘 향해 쭉쭉 자라는 대나무 모양입니다. 이 건물의 이름은?
정답: 타이베이 101 빌딩 ★★★

카드 2
타이베이 101 빌딩은 이 건물을 아래로 쭉 눌러 주는 이것 때문에 강풍으로부터 안전하대요. 이것은 무엇인가요?
정답: 댐퍼(윈드 댐퍼) ★★

카드 3
당신은 점심을 먹고 쓰레기를 아무 곳에나 버렸습니다.
벌금으로 ★★를 은행에 내세요.

카드 4
여권을 잃어버렸습니다. 대사관을 찾아가서 만드세요.
임시 여권 발급 비용 ★★★★★를 은행에 내세요.

카드 5
타이베이 지폐 중에서 가장 작은 단위인 이 지폐에는 쑨원 선생의 모습이 그려져 있어요. 얼마짜리 지폐일까요?
정답: 100위안 ★★

카드 6
타이완 사람들의 문화 공간으로 사랑받는 이곳은 타이베이 101 빌딩의 멋진 모습 사진에 담을 수도 있는 곳인데요. 이곳은 어디일까요?
정답: 국부기념관 ★★

카드 7
타이베이를 방문하는 여행객들은 만두피 안에 진한 육즙이 가득 고여 있는 이 음식을 꼭 먹어 보는데요, 이 음식의 이름은?
정답: 샤오롱바오 ★★

카드 8
언제나 푸른 잎을 잃지 않는 한결같은 모습 때문에 타이완 사람들에게 큰 사랑을 받는 이 식물은 무엇일까요?
정답: 대나무 ★★

카드 9
청나라 황제의 부인이 시집올 때 혼수로 가져온 취옥백채는 어떤 채소를 조각한 예술품인가요?
정답: 배추 ★★

카드 10
타이완의 아버지로 국민들의 존경을 받고 있는 이분은 누구일까요?
정답: 쑨원 선생

카드 11
용산사에서 가장 오래되고 유명한 사찰 '타이완의 자금성'이라는 별명을 가진 이곳은 어디일까요?
정답: 용산사 ★★

카드 12
용산사에서 기도할 때, 바뀔을 이용해서 신이 기도를 들어 줬는지 들어 보는데요. 신이 동의했다는 뜻의 바뀔 모양은?
정답: 한쪽은 정면, 다른 쪽은 반대면 ★★

소원천등 ♥ 🏮 ♥ 소원풍등	소원천등 ♥ 🏮 ♥ 소원풍등	소원천등 ♥ 🏮 ♥ 소원풍등	소원천등 ♥ 🏮 ♥ 소원풍등
소원천등 ♥ 🏮 ♥ 소원풍등	소원천등 ♥ 🏮 ♥ 소원풍등	소원천등 ♥ 🏮 ♥ 소원풍등	소원천등 ♥ 🏮 ♥ 소원풍등
소원천등 ♥ 🏮 ♥ 소원풍등	소원천등 ♥ 🏮 ♥ 소원풍등	소원천등 ♥ 🏮 ♥ 소원풍등	소원천등 ♥ 🏮 ♥ 소원풍등

카드 1
용산사에서 건강에 대해 기도할 이들을 찾는데요, 의학의 신으로도 알려져 있는 이들은 누구일까요?
정답 화타(화타선사) ★★

카드 2
타이베이 사람들은 원소절 축제 때 이것에 소원을 담아 하늘로 날린다는데요. 핑시와 스펀에도 이것을 할 수 있죠. 이것은 무엇일까요?
정답 천등 ★★

카드 3
용산사에 여러 개의 관성제군은 삼국지에도 등장하는 유명한 사람이죠. 조조, 유비, 관우, 장비 중에 누구일까요?
정답 관우 ★★

카드 4
타이베이에는 여러 개의 야시장이 있습니다. 그중 가장 크고 유명한 야시장으로 100년이 넘는 역사를 자랑하는 이곳은 어디일까요?
정답 스린 야시장 ★★

카드 5
야시장 음식 중 두부를 소금에 절여 발효시킨 것으로, 코를 찌르는 냄새가 나는 이 음식은 무엇일까요?
정답 취두부 ★★

카드 6
실수로 MRT에서 음식을 먹었네요. 벌금으로 ★★★★★를 은행에 내세요.

카드 7
타이베이의 곳곳에는 두 개의 우체통이 나란히 서 있어요, 이 우체통의 색은?
정답 빨간색과 초록색 ★★

카드 8
이곳에 가면 자연이 만들어낸 신비한 모래암석과 용암의 흔적을 볼 수 있어요. 세계적으로 인정받는 이 지질공원은 어디일까요?
정답 예류(예류 지질공원) ★★

카드 9
예류 지질공원의 이 바위는 침식식의 진행되고 있어 5~10년이 지나면 목 부분이 부러질 수도 있다고 해요. 이 바위는?
정답 예류머리바위 ★★

카드 10
특유한 냄새와 옥빛의 온천수를 볼 수 있는 이곳은 세계에서 유명한 온천 도시입니다. 이곳은 어디일까요?
정답 베이터우(베이타우 온천) ★★

카드 11
대한민국의 수도는 서울이죠. 타이완의 수도는?
정답 타이페이

카드 12
타이베이 사람들 3명 중 2명은 이것을 가지고 있다고 해요. 타이완 사람들에게 가장 인기 있는 교통수단인 이것은 무엇일까요?
정답 스쿠터 ★★

★★★ | 통행료 ★★
고궁박물원

★★★ | 통행료 ★★
101전망대

★★ | 통행료 ★
101 쇼핑몰

★★★ | 통행료 ★★
국부기념관

★★★ | 통행료 ★★
용산사

★★★ | 통행료 ★★
중정기념당

★ ★ | 통행료 ★
핑시열차_스펀

★ ★ | 통행료 ★
핑시열차_허우통

★ ★ | 통행료 ★
핑시열차_징통

★ ★ | 통행료 ★
핑시열차_핑시

★ ★ | 통행료 ★
타오위안 공항

★ ★ ★ | 통행료 ★ ★
예류

★ ★ | 통행료 ★ **베이터우**	★ ★ | 통행료 ★ **신베이터우**

다른 그림 찾기~

안녕 타이완~

[가로]
① 지열곡
② 베이터우
③ 유황온천
④ 관우
⑤ 화타선사
⑥ 근위병

[세로]
① 지파이
② 베이터우석
ⓐ 우유튀김
ⓑ 천등축제
ⓒ 풍화
ⓓ 용산사
ⓔ 타오위안

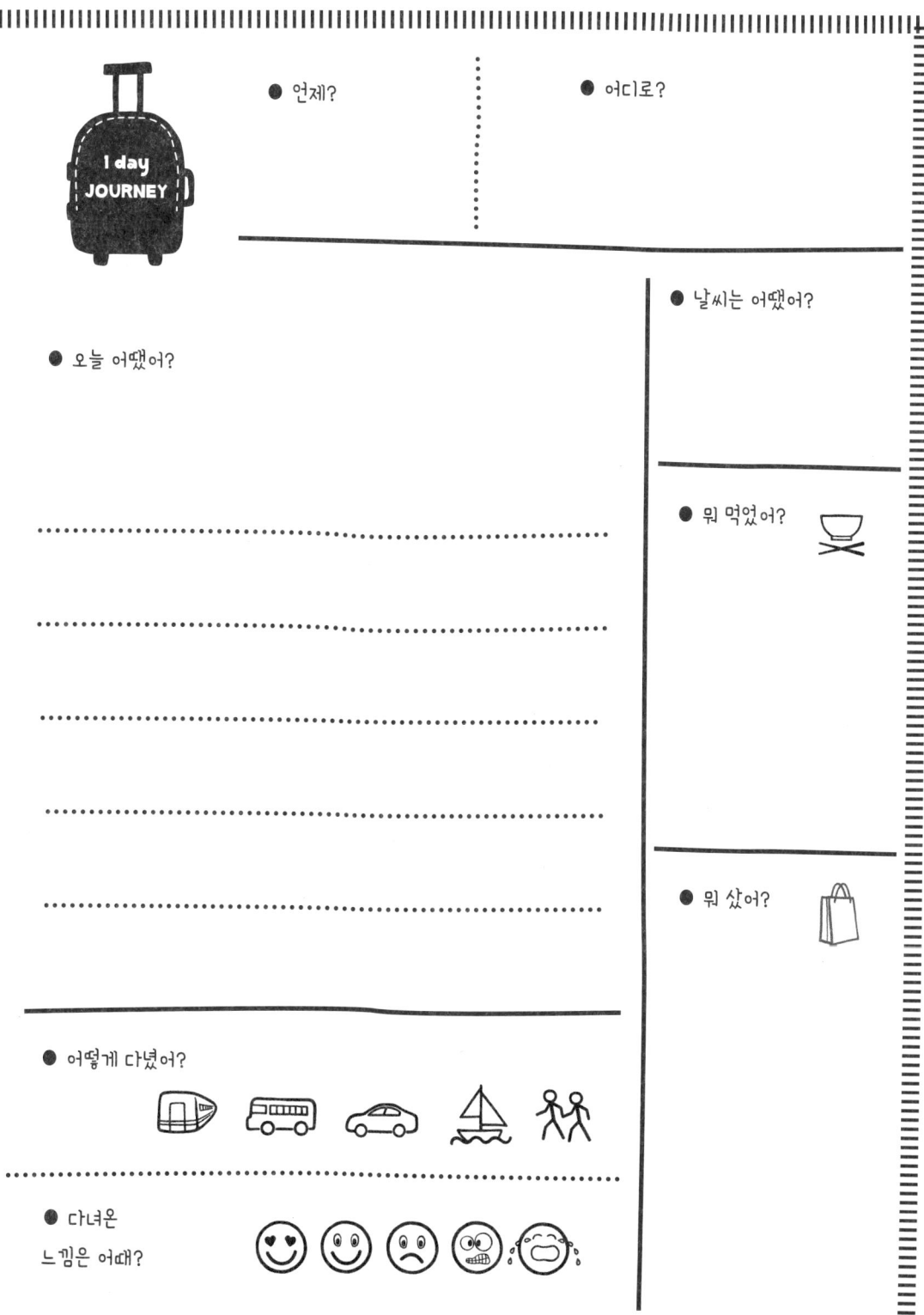

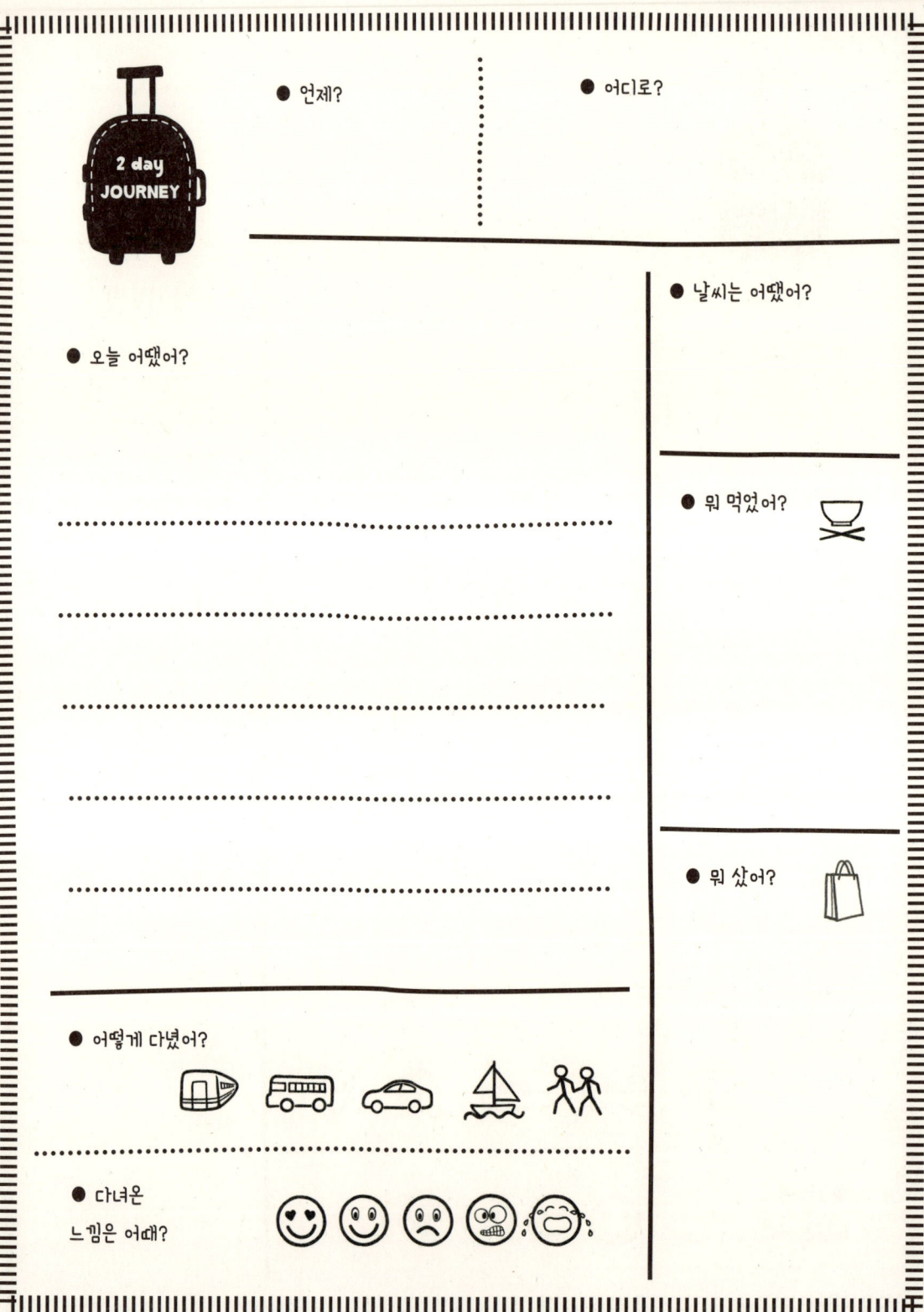

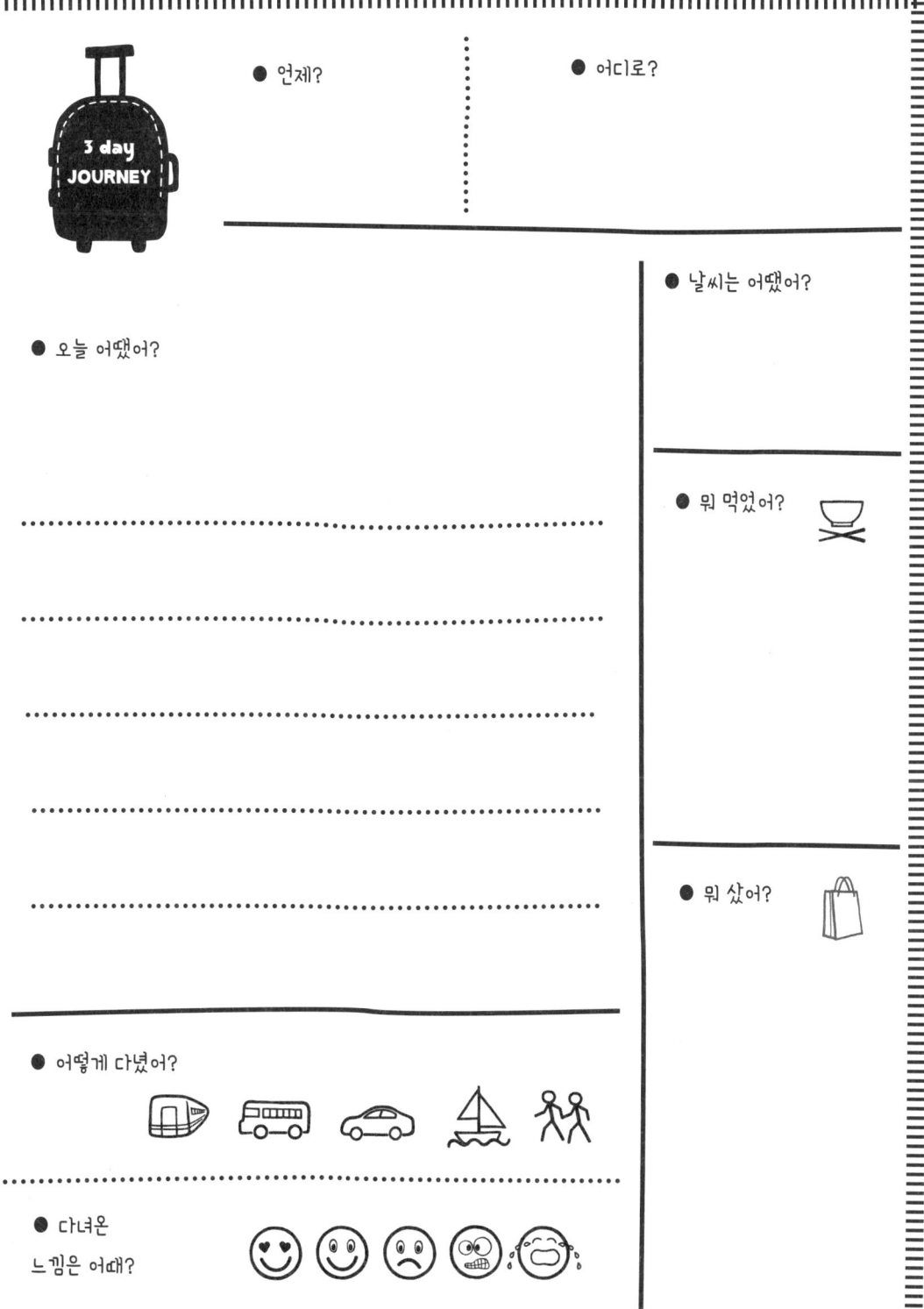

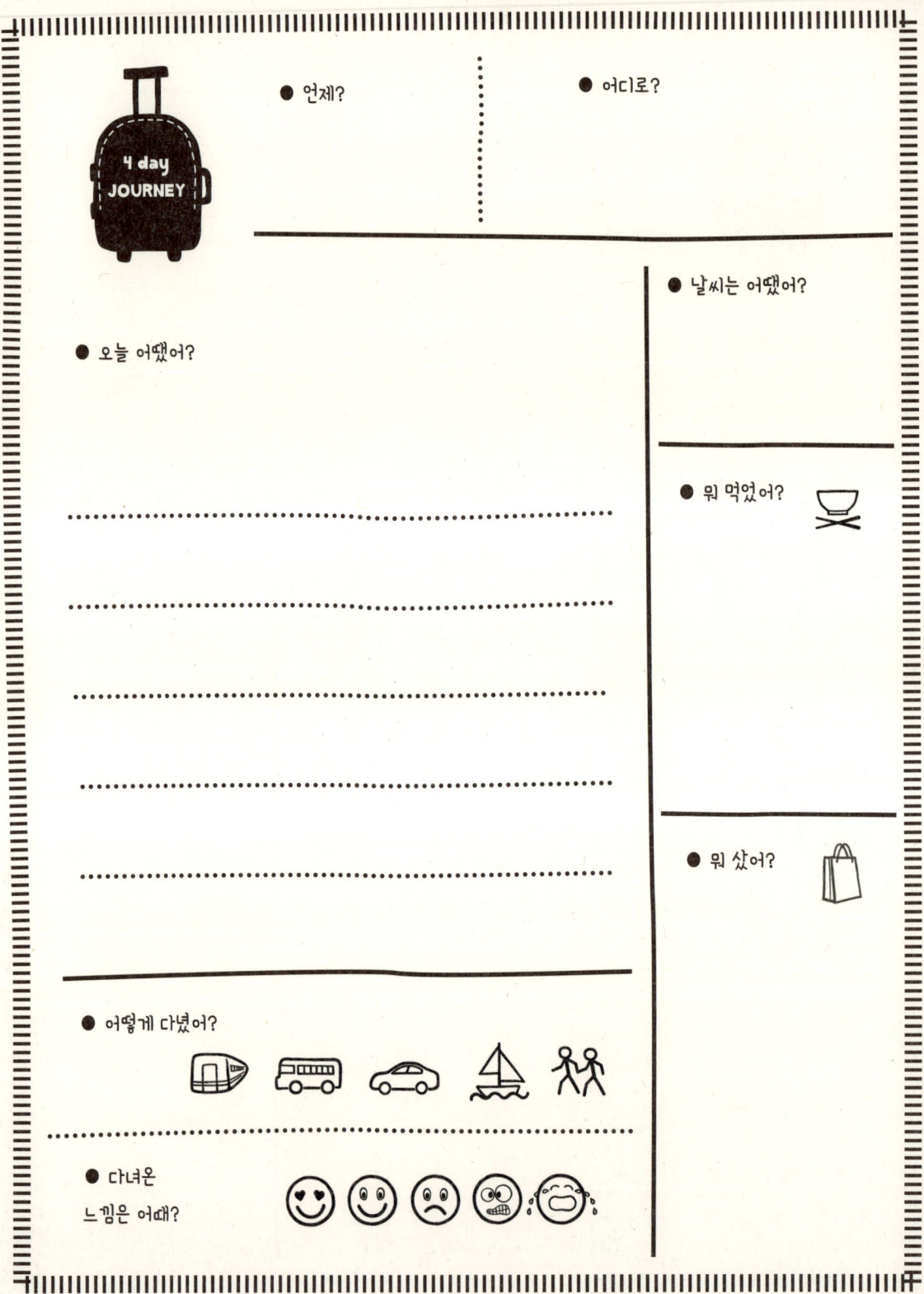